DUMONT EXTRA

Süd-Zypern

Nikos Varelas

Inhalt

Kalós a

So heißt man Fremde und Freunde auf Zypern willkommen. Traditionell gibt es für beide ohnehin nur ein Wort, nämlich ›Xénos‹, was schlicht Gastfreund bedeutet. Gastfreundschaft zeigt sich auf der Insel, die als Heimat der Liebesgöttin Aphrodite gilt, nicht mehr so sehr in Einladungen zu Speis' und Trank. Dafür kommen einfach zu viele Touristen. Was

ríssate!

man ihnen bietet, ist aber wohl noch viel mehr wert: Freundlichkeit, Höflichkeit und ein überall spürbares Bemühen, dem Gast das Urlaubsleben so angenehm und einfach wie möglich zu machen. Vom großen Problem Zyperns, der Teilung der Insel seit 1974, spricht man nur, wenn der Ausländer es will, obwohl keine Frage die Menschen mehr bewegt.

Süd-Zypern
Aphrodites Insel

Zypern ist nach Sizilien und Sardinien die drittgrößte und zugleich die östlichste Insel im Mittelmeer. Geographisch gehört sie bereits zu Asien, kulturell aber eindeutig zu Europa. Ihre Form wird oft mit der einer Pfanne verglichen: der lange Stiel ist dann die Karpasía-Halbinsel, die mit ihrer Spitze ins Grenzgebiet von Türkei und Syrien zeigt.

Landschaftlich ist Zypern klar gegliedert. Die Nordküste wird vom über 100 km langen, aber nur wenige Kilometer breiten Kyrenia-Gebirge gesäumt, dessen höchster Gipfel auf 1024 m Höhe ansteigt. Daran schließt sich südlich eine fruchtbare Ebene an, die von der Bucht von Mórfou im Westen bis nach Famagusta im Osten reicht. Auf griechisch heißt sie Mesaória, ›zwischen den Bergen‹. An ihrem Südrand steigt nämlich das mächtige, bis zu 1951 m hohe Tróodos-Gebirge auf, das weite Teile der Inselmitte und des Westens bedeckt.

Zypern ist eine fruchtbare Insel, obwohl es keinerlei Flüsse und nur sehr wenige ganzjährig wasserführende Bäche gibt. Aber die Zyprioten haben in den letzten vier Jahrzehnten zahllose Stauseen angelegt, die die winterlichen Niederschläge auffangen. Viele hundert Kilometer Wasserleitungen haben weite Flächen in fruchtbare Felder und Plantagen verwandelt. So steht das ganze Jahr über genügend Trinkwasser für die Bevölkerung und für die Bewässerung der Felder zur Verfügung. Zyperns Natur ist unerhört vielfältig. Es ist eine der waldreichsten Inseln im Mittelmeer, immerhin ein Fünftel der Fläche ist baumbestanden. Durch die großen Höhenunterschiede kann man die artenreiche Flora viele Wochen lang blühend erleben: Pflanzen wie die Zistrose, die im Tiefland im April schon welken, stehen noch Ende Mai in den Bergen in voller Blüte.

Angebaut wird vielerlei. Im Norden des Kyrenia-Gebirges gedeihen Orangen und Zitronen vortrefflich. Weite Teile der Mesaória-Ebene sind im Frühsommer bis in den Juni hinein wogende Getreidefelder. Im Gebirge wächst der Wein bis in Höhen von über 1000 m hinauf; Obstbäume tragen Äpfel, Birnen, Pflaumen und Kirschen; vielerlei Arten von Nüssen gedeihen dort auch. In der flachen Landschaft zwischen Lárnaka und Agía Nápa mit ihren rötlichen

Das Leben genießen, das Leben als Fest: überall auf Zypern spürt man südländische Lebensfreunde

Böden erzeugt man Frühkartoffeln, die auch nach Deutschland exportiert werden. In den Küstenregionen um Limassol werden außer Zitrusfrüchten, Erdbeeren und Wein auch allerlei exotische Früchte wie Kiwis und Avocados geerntet. Östlich von Páfos produziert man Erdnüsse, westlich der Stadt geschmacksintensive, kleine Bananen vom kanarischen Typ.

Paradies mit Schattenseiten

Zypern könnte ein Paradies auf Erden sein, wäre da nicht die große Politik. Seit August 1974 ist die Insel geteilt; Nicosia seit dem Mauerfall in Berlin die letzte geteilte Hauptstadt der Welt. Entlang einer Demarkationslinie, die Zypern von der Bucht von Mórfou bis zur Bucht von Famagusta durchzieht, stehen sich griechische und griechisch-zypriotische Soldaten einerseits, türkische und türkisch-zypriotische Soldaten andererseits gegenüber. Dazwischen patroullieren die etwa 1100 Soldaten der UNFICYP, der Friedenstruppen der Vereinten Nationen. Der bis heute von der Türkei besetzte Nordteil der Insel nennt sich seit 1983 ›Türkische Republik Nord-Zypern‹, wird aber nur von der ›Schutzmacht‹ Türkei anerkannt. Das südliche Zypern nennt sich weiterhin Republik Zypern und erhebt einen Alleinvertretungsanspruch, der ihr von internationaler Seite auch zugestanden wird.

Seit 1974 können griechische Zyprioten nicht mehr in den Inselnorden einreisen, türkische Zyprioten nicht mehr in den Inselsüden. Darunter leiden die meisten. Anders als im geteilten Deutschland haben viele Zyprioten ja auch die alte Heimat immer vor Augen: Von den zypriotischen Bergen aus überblickt man bei klarem Wetter weite Teile der Insel – und kann seinen Kindern zeigen, wo die Häuser stehen und die Ländereien liegen, die sie erben würden, wenn Zypern wieder eins wäre.

Der Urlaubsfrieden auf der Insel wird durch die politischen Verhältnisse aber in keiner Weise gestört. Zypern erscheint dem Fremden als äußerst friedliche Insel – und als sehr wohlhabende obendrein.

Auch wenn die Küste Boomland ist: im Gebirge wird es einsam

Schon kurz nach der Teilung erlebte der Süden ein Wirtschaftswunder. Internationale Hilfsgelder, Fleiß der Bevölkerung und der 1975 im Libanon aufflammende Bürgerkrieg trugen dazu wesentlich bei. Viele multinationale Firmen, die bisher in Beirut residiert hatten, verlegten ihre Hauptbüros nach Zypern, schufen Arbeitsplätze und brachten Geld ins Land. Die Städte an der Südküste, die bis dahin recht bedeutungslos waren, wuchsen rasant: Lárnaka als Hafen und Flughafenstadt, Limassol als Hafen und Sitz vieler Offshore-Firmen, Agía Nápa und ab Ende der 80er Jahre dann auch Páfos als Urlaubsmetropolen. Kein Wunder, daß Zypern als zweites Land Europas nach Luxemburg die Maastrichter Kriterien für den Beitritt zur Euro-Währung erreichte, obwohl es noch gar nicht EU-Mitglied ist.

Dennoch – oder gerade deswegen – verzeichnet Zypern seit Jahren stetig steigende Touristenzahlen aus den deutschsprachigen Ländern und hat viele Stammgäste. Man schätzt den hohen Standard in Hotellerie und Service, das oft ausgezeichnete und üppige Essen, das gute Preis-Leistungsverhältnis und das exzellente Straßennetz inklusive vieler Autobahnen nach deutschem Vorbild. So gelangt man mit dem Mietwagen oder Ausflugsbus schnell, sicher und bequem zu den vielen historischen und landschaftlichen Sehenswürdigkeiten der Insel.

Schmelztiegel der Kulturen

Steinerne Monumente erzählen aus einer über 8500-jährigen Geschichte. Die Museen bergen Kunstwerke, die Zypern deutlich als Schmelztiegel der Kulturen im Schnittpunkt dreier Kontinente ausweisen. Phönizier und Assyrer, Perser und Griechen drückten der Insel ihren Stempel auf, später Ptolemäer und Römer. Nach langer Zugehörigkeit zum byzantinischen Reich geriet Zypern in den Strudel der Kreuzzüge, wurde zum letzten fränkischen Königreich im Orient. Die Herrschaft dieser römisch-katholischen Adelsdynastie wurde mindestens ebenso bedrückend empfunden wie die spätere türkische Oberhoheit von 1571–1878.

Der Bauboom und der stetige Anstieg der Touristenzahlen hat die Küsten Zyperns freilich nicht schöner gemacht. Es gibt nur wenige Strände, an denen keine Hotels stehen. Der allgemeine Wohlstand läßt keinen Platz für ländliche Idyllen. Esel und Maultiere sieht man kaum noch auf dem Lande, in den meisten Dörfern haben stattliche Villen die alten Häuser aus Lehmziegeln ersetzt. Wer auf Zypern Romantik wie in Griechenland erwartet, wird enttäuscht.

Das Faszinierendste an dieser Insel sind neben ihren Kulturschätzen, guten Stränden und schönen Gebirgslandschaften vor allem die Menschen. Die Gastfreundschaft, mit der viele Urlaubsziele werben, ist hier wirklich noch überall spürbar. Sie ist vielleicht auch der Grund, warum – glaubt man dem Werbeslogan der Fremdenverkehrszentrale Zyperns – die Götter auf der Insel Urlaub machen. Und das, obwohl die Zyprioten zumeist gläubige griechisch-orthodoxe Christen sind.

Fläche:	9251 km^2. 60 % entfallen auf die Republik Zypern, 37 % auf den türkisch besetzten Teil. 3 % stehen als Pufferzone unter Verwaltung der UN.
Einwohner:	735 000, davon sind etwa 18 % türkische Zyprioten, die bis auf wenige Dutzend alle im Inselnorden registriert sind. Seit 1974 wurden zudem etwa 80 000 anatolische Bauern widerrechtlich im Norden angesiedelt, die von keiner offiziellen Statistik erfaßt werden.
Minderheiten:	Auf Zypern leben schon seit Jahrhunderten christliche Minderheiten von Armeniern und Maroniten. Alle etwa 3000 Armenier sind jetzt im Süden ansässig, ein Teil der etwa 2000 Maroniten auch noch im Nordteil.

Geschichte

Frühgeschichte 7000–1050 v. Chr.

Die ältesten Spuren menschlicher Besiedlung sind die steinernen Rundhütten in Siedlungen wie Choirokoítia, die bis in die Zeit um 7000 v. Chr. zurückreichen. Revolutioniert werden die Zivilisationen jeweils durch die Einführung neuer Kenntnisse in der Metallbearbeitung, die neue Waffen und Werkzeuge ermöglichten. Seit etwa 3500 v. Chr. wird auf Zypern Kupfer abgebaut und verarbeitet, etwa seit 2300 v. Chr. kann man Bronze herstellen und exportiert des internationalen Bedarfs wegen Kupfer in großen Mengen. Der Wohlstand wächst, verschiedene Stadtkönigreiche entstehen. Ab etwa 1200 v. Chr. gelangen diese durch die Einwanderung griechischer Achäer unter hellenischen Einfluß.

Altertum 1050–323 v. Chr.

Ab etwa 1050 v. Chr. gründen Phönizier Handelsniederlassungen und Kolonien auf der Insel. Die Stadtkönigreiche geraten immer wieder unter fremde Vorherrschaft, insbesondere Assyriens, Persiens und Ägyptens, und verstricken sich in permanente Kleinkriege untereinander.

Hellenistisch-römische Zeit 323 v. Chr. – 395 n. Chr.

Ein geeintes Zypern entsteht erstmals um 310 v. Chr., als die ägyptischen Ptolemäer die gesamte Insel ihrem Reich einverleiben. 58 v. Chr. wird sie dann von Rom annektiert.

Byzantinische Zeit 395–1191

Seit der Teilung des Römischen Reiches 395 gehört Zypern zu dem von Konstantinopel (Byzanz) aus regierten Oströmischen oder Byzantinischen Reich. In dieser Zeit wird die Kultur der Insel durch die orthodoxe Kirche nachhaltig geprägt.

Fränkische Zeit 1191–1570

1191 erobert der englische König Richard Löwenherz die Insel; ein Jahr später erwirbt sie der aquitanische Kreuzritter Guy de Lusignan, dessen Nachfolger zum König von Zypern gekrönt wird. Unter der Herrschaft der Franken ist die Insel strategischer Stützpunkt für die Kreuzzüge, zuletzt als Rückzugsquartier, etwa der Johanniterritter, die 1291–1308 in Limassol residieren und danach noch Ländereien um Kolóssi behalten. 1489 fällt Zypern durch Heirat an Venedig.

Türkische Herrschaft 1570/71–1878

1570/71 erobern die Osmanen Zypern. Erstmals werden Türken auf der Insel angesiedelt. 1878 muß der osmanische Sultan Zypern gegen Zahlung einer jährlichen Pacht Großbritannien überlassen.

Britische Herrschaft 1878–1960

Als das Osmanische Reich auf Seiten der Achsenmächte in den Ersten Weltkrieg eintritt, annektiert Großbritannien die Insel und erkärt sie später zur Kronkolonie. 1955 erhebt sich die griechisch-zypriotische Bevölkerung gegen die Kolonialherren; General Grívas ist der militärische, Erzbischof Makarios III. der politische Führer des Aufstands. Die griechische Volksgruppe verlangt die ›Enosis‹, den Anschluß an Griechenland. Dennoch einigen sich Großbritannien, Griechenland und die Türkei darauf, Zypern 1960 zum unabhängigen Staat zu erklären, dessen erster Präsident Makarios III. wird.

Unabhängigkeit und Teilung ab 1960

Bereits im Dezember 1963 kommt es zu Kämpfen zwischen griechischen und türkischen Zyprioten. 1964 werden erstmals UN-Friedenstruppen nach Zypern entsandt, die Altstadt Nicosias wird geteilt. Als die seit 1967 in Athen herrschenden Obristen 1974 einen Putsch gegen Staatspräsident Makarios anzetteln und dieser von der Insel flieht, greift die Türkei ein und besetzt binnen 30 Tagen 37 % der Inselfläche. Durch den Tod von Makarios 1977, die Ansiedlung von Festlandstürken und die Proklamation der ›Türkischen Republik Nordzypern‹ wird die Teilung immer weiter zementiert. Mehrfach scheitern Versuche, unter UN-Vermittlung zu einer Lösung des Zypern-Problems zu kommen.

1997

Als bei anti-türkischen Protesten zwei griechische Zyprioten von türkischem Militär erschossen werden, initiiert die UN direkte Verhandlungen der beiden Volksgruppen, die jedoch – wie alle vorhergehenden – scheitern.

Gut zu wissen!

Zypern ist ein unproblematisches Reiseland ohne nennenswerte Kriminalität. Die Einheimischen sind äußerst hilfsbereit und sehr tolerant, solange man einige Mindestregeln einhält.

Was heißt ›orthodox?‹

Die katholische Kirche hat sich schon zur Zeit des frühen Christentums dogmatisch von der orthodoxen (›rechtgläubigen‹) getrennt. Die wichtigsten Unterschiede: Orthodoxe Christen erkennen die Oberhoheit des Papstes nicht an; ihre Priester dürfen verheiratet sein. Die Taufe wird durch völliges Untertauchen vollzogen. Anders als bei den Katholiken gilt das Dogma, daß der Heilige Geist nur von Gottvater, nicht aber von Gottsohn ausgeht.

Beschwerden: Die Zyprioten sind ein höflich-zurückhaltendes Volk. Wer eine berechtigte Beschwerde vorzubringen hat, sollte sie ohne große Erregung vortragen. Am besten ist es, das Problem sachlich zu schildern und zum Ausdruck zu bringen, daß man Hoffnung in die Fähigkeiten seines Gegenübers setzt, es zu lösen.

Cabarets: Cabarets sind keine Varietés, sondern billige, dabei aber keineswegs preiswerte Nachtbars, in denen vor allem ausländische Prostituierte arbeiten.

Fotografieren: Die meisten Zyprioten lassen sich gern fotografieren. Dennoch sollte man vorher ihr Einverständis durch ein Nicken oder Lächeln einholen.

Freie Tische: Bei aller Gastfreundschaft der Zyprioten ist es auch in diesem Land üblich, nach dem Einverständnis zu fragen, wenn man sich mit an einen schon besetzten Tisch setzen will.

Handeln und Feilschen: Die meisten Zyprioten sind geschickte und leidenschaftliche Händler. Sie feilschen aber nur bei höheren Beträgen um den Preis, nicht bei jeder Kleinigkeit.

Kirchen- und Klosterbesuche: Kirchen und Klöster darf man nur mit bedeckten Knien und Schultern betreten. Zu einigen Klöstern haben Frauen in Hosen keinen Zutritt. In Kirchen sollte man die Hände nicht auf dem Rücken verschränken oder mit gekreuzten Beinen sitzen. Steht man vor Ikonen, wendet man ihnen nicht den Rücken zu. Fotografieren und Filmen wird in Kirchen ungern gesehen oder ist sogar verboten. Kerzen hingegen kann jeder nach Entrichtung eines Obolus entzünden.

Viele Kirchen in Zypern sind zu ihrem Schutz tagsüber geschlossen. Bemüht man den Schlüsselverwahrer, um sie sich öffnen zu lassen, sollte man dafür ein Trinkgeld geben, das seinem Zeitaufwand angemessen ist. Etwa CL 2 pro Stunde wären angemessen.

Liegestühle: Die deutsche Unsitte, Liegestühle im Hotelbereich schon frühmorgens durch ein hingelegtes Handtuch für sich zu reservieren, stößt in Zypern auf kein Verständnis. Viele Hotels betonen ausdrücklich, daß solche ›Reservierungen‹ ungültig sind.

Nackte Haut: ›Topless‹ am Strand zu liegen ist überall an den Stränden Zyperns üblich. FKK hingegen ist verpönt. In Badehose oder Bikini durch ein Dorf zu gehen, gilt wie eigentlich überall als Zeichen großer Geschmacklosigkeit.

Tageslicht: Auf Zypern geht die Sonne im Sommerhalbjahr später auf und früher unter als bei uns; im Winter ist es entgegengesetzt. Daran sollte man bei Ausflugsplanungen denken. Mitte Juli geht die Sonne z. B. um 5.45 Uhr auf und schon um 20 Uhr unter.

Trinkgelder: In Hotels und Restaurants wird die Trinkgeldfrage wie bei uns gehandhabt.

Wird man von Zyprioten eingeladen, z. B. zu einer Tasse Mokka in ihrem Wohnhaus oder zu einem Glas Wein auf dem Picknickplatz, darf man auf keinen Fall Trinkgeld geben. Man würde sie damit als bedürftig abstempeln – was die wenigsten Zyprioten sind.

Endáxi;

Mit dem oft gehörten Wort *Endáxi* bestellen die Zyprioten nicht etwa andauernd Taxis, sondern meinen schlicht ›okay‹. Das Semikolon ersetzt im Griechischen das Fragezeichen. Ein sanftes, schräg zur Seite hin geneigtes Kopfnicken mit angedeutetem Schmatzmund bedeutet ›Ja, ich glaube schon‹. Legt jemand sanft den Kopf in den Nacken und zieht dabei mit halb geschlossenen Augen die Stirn nach oben, ist das ein wortloses ›Nein‹. Beim Zählen mit den Fingern beginnt man nicht mit dem Daumen, sondern mit dem Zeigefinger, der Daumen wird erst für die Fünf gebraucht. Und sagt ein Zypriote *nä*, dann heißt das ›Ja‹.

Türkei: Angesichts der politischen Spannung sollte man vermeiden, von einem Türkei-Urlaub zu schwärmen oder anklingen zu lassen, daß man auch Urlaub im besetzten Teil machen möchte.

Wasser: Zum zypriotischen Kaffee wird häufig ein Glas Wasser kostenlos serviert. Es kann überall bedenkenlos getrunken werden. Man sollte zumindest etwas daran nippen – denn sonst wird diese gute Sitte eines Tages nur noch Zyprioten gegenüber beachtet.

Feste & Unterhaltung

Kirchliche Feste

Epiphanías, 6. Januar: Das Fest der Wasserweihe und der Taufe Jesu wird vor allem in den Küstenstädten begangen. Nach dem morgendlichen Gottesdienst zieht eine Prozession ans Meer, der Priester wirft ein Kreuz ins Wasser, junge Männer tauchen danach. Wer es wieder heraufholt, wird im kommenden Jahr viel Gück haben.
Faschingssonntag, 1. März 1998 bzw. 21. Februar 1999: Limassol ist Zyperns Karnevalshochburg. Am Faschingssonntag findet hier eine große Karnevalsparade statt.
Karfreitag, 17. April 1998 bzw. 9. April 1999: Am späten Vormittag wird in allen Kirchen der *Epitáphios*, Christi symbolisches Grab, von Mädchen und Frauen mit Blumen geschmückt. Während des Abendgottesdienstes küssen alle Gläubigen den Epitaph, der dann gegen 21 Uhr in feierlicher Prozession durchs Dorf getragen wird.
Ostersamstag, 18. April 1998 bzw. 10. April 1999: Kurz nach 23 Uhr beginnt die Ostermesse. Fast alle Kirchen sind überfüllt, die Menschen drängen sich auch auf den Kirchhöfen. Kurz vor Mitternacht verlöschen alle Lichter bis auf eins. Nach kurzer Stille verkündet der Priester die Auferstehung Christi und entzündet eine Kerze am Ewigen Licht. Die Kirchgänger entzünden nacheinander ihre Kerzen; Kinder und Jugendliche lassen Silvesterknaller explodieren.
Ostersonntag: Man sitzt im Kreis der Großfamilie zusammen, grillt *Soúvla* und feiert. Insbesondere im

Immer noch ein bißchen britisch: Karneval in Limassol

Bezirk Páfos finden am Sonntag oder Montag in vielen Dörfern Osterspiele auf den Straßen und Plätzen oder auch im Stadion statt. Zu den üblichen Wettbewerben gehören Eselsrennen, Sackhüpfen, Eierlaufen etc.

Pfingstmontag, 8. Juni 1998 bzw. 31. Mai 1999: An diesem Tag wird auf Zypern – vor allem in Lárnaka – das Fest des *Kataklysmós* gefeiert. Es erinnert an die Errettung der Menschen von der Sintflut. Zum Programm gehören neben dem Gottesdienst mit Prozession auch Tanz- und Musikwettbewerbe; es herrscht ausgelassene Volksfeststimmung.

Kirchweihfeste (Panigíria): Sie werden jeweils am Patronatstag des Heiligen begangen, dem das Kloster oder die Kirche geweiht sind. Vor den meisten Klöstern findet an diesem Tag ein großer Jahrmarkt mit zahlreichen Verkaufsständen statt. In den Dörfern sind die Feiern oft mit Musik, Tanz und großem Festmahl verbunden. Die Termine wichtiger Panigíria (Aussprache: Pannijíria) werden bei den jeweiligen Ortsbeschreibungen genannt.

Nationalfeiertage

In Zypern feiert man nicht nur die beiden zypriotischen Nationalfeiertage, sondern auch die Griechenlands. Die üblichen Paraden gewinnen dadurch an Farbe und Flair, daß der Klerus in Ornat und Kinder in Tracht teilnehmen.

25. März: Gedenken an den offiziellen Beginn des griechischen Befreiungskampfes gegen die Türken im Jahr 1821.

1. April: Gedenken an den Beginn des zypriotischen Freiheitskampfes gegen die Briten im Jahr 1955.

1. Oktober: Zypriotischer Unabhängigkeitstag. Da der 15. August, an dem Zypern 1960 eigentlich unabhängig wurde, auf den hohen kirchlichen Festtag Mariä Entschlafung fällt und der 16. August ein türkischer Feiertag ist, beschloß das Parlament, den 1. Oktober zum Feiertag zu machen.

28. Oktober: Gedenken an den Tag des ›Großen Historischen Neins‹, das 1940 die Antwort des griechischen Diktators Metaxás auf ein Ultimatum Mussolinis war. Es bedeutete für Griechenland den Eintritt in den Zweiten Weltkrieg.

Festivals

Das **Amphitheater von Koúrion** ist an mehreren Sommerabenden zwischen Juni und August Schauplatz von Freiluftaufführungen. Gezeigt werden antike Tragödien und Shakespeare-Stücke. Im **Odéon von Páfos** treten im Sommer Schüler- und Laiengruppen mit Theaterstücken und Folklorevorstellungen auf. Seit 1996 hat man zudem den Hafen von Páfos und das dortige Fort als ideale Kulisse für Opernaufführungen unter freiem Himmel entdeckt. 1997 wurde hier »Nabucco« an mehreren Abenden Ende September gespielt.

Besondes populär ist das **Weinfest von Limassol**, das Ende August/Anfang September im Stadtpark begangen wird. Zu Musik und Tanz kann man für einen festen Betrag soviel Wein trinken, wie man mag.

Essen & Trinken

Auch an der zypriotischen Küche zeigt sich, daß die Insel im Schnittpunkt verschiedener Kulturen liegt. Griechische, türkische, arabische und englische Einflüsse verbinden sich zu einem eigenen Stil, der durch Kräuterreichtum und Verwendung vieler Zutaten aus der freien Natur gekennzeichnet ist. Zudem ist die Küche noch recht bäuerlich geprägt. Getreidesuppen und Aufläufe sind in den Familien Standardgerichte, viele in Sirup eingelegte Früchte zeugen von früheren Formen der Vorratshaltung. Zypern kocht phantasievoll – und immer reichlich.

Ideal: das Mesé

Vor der Erfindung des Selbstbedienungsbuffets, das heute in den meisten Hotels üblich ist, war das *Mesé*-Essen die beste Möglichkeit, binnen kurzer Zeit möglichst viele Köstlichkeiten der zypriotischen Küche kennenzulernen. Das *Mesé* (gesprochen ›Me-See‹) ist keine bestimmte Mahlzeit, sondern eine Form des Essens. Der Kellner stellt 15, 20 oder auch 30 verschiedene Gerichte auf den Tisch, von denen sich jeder nimmt. Die Abfolge beginnt normalerweise mit kleinen Salaten und Pürees, Oliven und gegrilltem Käse. Dann folgen vielleicht Ravioli und Fleischbällchen, Kalamares und Schnecken. Wer nicht aufpaßt, ist satt, bevor die Hauptgerichte kommen: darunter z. B. Lammkoteletts und Leber, Hühnerbeine und *Stifádo*. Obst oder süß eingelegte Früchte bilden den Abschluß. Für solch ein *Mesé*-Essen zahlt man in der Regel nur geringfügig mehr als für ein Tellergericht mit Vorspeise – und hat genug Kalorien für den nächsten Tag zu sich genommen.

Gut: die Paréa

Ein Mesé-Essen macht allerdings nur dann richtig Freude, wenn man es wie ein Zypriote genießt – im größeren Freundes- oder Familienkreis. Zyprioten gehen ungern in trauter Zweisamkeit aus. Die gute Tischgemeinschaft, *Paréa* genannt, ist mindestens ebenso wichtig wie das gute Essen. Auch mit den Essenszeiten hält man es anders als bei uns. Ein Mittagessen kommt auch um 14 Uhr noch gelegen, abends setzt man sich selten vor 21 Uhr zusammen. Ein Mentalitätsunterschied wird auch beim Bezahlen deutlich. Am gemeinsamen Tisch zahlt einer für alle. Früher wechselte man sich damit ab, heute legen Zyprioten häufig auch schon das Geld zusammen. Wer getrennte Rechnungen wünscht, sollte das schon bei der Bestellung angeben.

Zyprioten brauchen aber nicht immer Restaurants, um gut zu essen. Überall auf der Insel hat die Forstverwaltung Picknickplätze angelegt, auf denen man grillen und Trinkwasser schöpfen kann. Hier sieht man an Wochenenden und

Ein Fest für Naschkatzen: Loukoumia aus eingedicktem Fruchtsaft

im Ferienmonat August zahllose Gruppen von Zyprioten gemeinsam sitzen, essen, trinken und feiern. Fremden, die in die Nähe kommen, wird manchmal noch ein ›Kopiáste‹ zugerufen: Komm, setz Dich und teile mit uns!

Getränke

Zypern ist eine Weininsel; schon die Bibel erwähnt zypriotischen Wein. Drei große Kellereien beherrschen den Markt. ETKO, gegründet 1844, ist die älteste Kellerei, SODAP gehört 10000 Genossenschaftswinzern aus 144 Dörfern; KEO 5000 Aktionären, von denen 90 % selbst Winzer sind. Daneben gibt es noch eine Reihe kleiner Kellereien mit hervorragenden Produkten. Als Aristokrat unter Zyperns Weinen gilt der goldfarbene, süffige Aperitifwein Commandaria, der am ehesten mit dem Sherry zu vergleichen ist.

KEO braut außerdem auch Bier und teilt sich mit einer Niederlassung von Carlsberg den Markt. Als Spirituose wird neben ausländischem Whisky vor allem einheimischer *Brandy* getrunken. Ein leckerer Likör aus Bitterorangen ist der *Fílfar*; ein kräftiger Tresterschnaps der selbstgebrannte *Tsiwanía*. Noch aus Kolonialzeiten stammt ein anderes Nationalgetränk: Der Longdrink *Brandy Sour*.

Spezialitätenlexikon

Hoúmous: Püree aus Kichererbsen mit Olivenöl und Knoblauch
Kléftiko: im Backofen gegartes Lamm- und Ziegenfleisch
Koúpes: Teigbällchen aus grobgemahlenem Weizen, mit Hackfleisch und Kräutern gefüllt
Lokóm: auch Loukoumádes genannte, in Öl ausgebackene Teigbällchen in Sirup oder Honig, mit Sesam oder Zimt bestreut
Seftaliá: würzige (nicht scharfe) Hackfleischwurst, die gegrillt wird
Soúvla: zypriotische Variante des griechischen Souvláki – ein Fleischspieß aus faustgroßen Fleischstücken
Stifádo: Rindergulasch mit Zwiebelgemüse in einer würzigen Tomaten-Zimt-Kreuzkümmelsauce
Tachíni: Püree aus Sesamsamen, Knoblauch, Olivenöl, Zitronensaft

Sport & Freizeit

Zypern ist ein Dorado für Wassersportler. Doch nicht nur das. Durch die großen Höhenunterschiede bei geringen Entfernungen kann man am gleichen Tag in den Bergen aktiv und anschließend noch am Meer sein. Im Winter ist es sogar möglich, vormittags Ski und nachmittags Wasserski zu fahren.

Baden und Strände

Baden ist überall erlaubt. Rote Bojen kennzeichnen Bezirke, die Schwimmern vorbehalten sind und von Wasserfahrzeugen jeder Art nicht befahren werden dürfen. Sonnenschirme und Liegestühle werden vor allen größeren Hotels sowie an vielen freien Stränden vermietet. Außerdem unterhält die Cyprus Tourism Organisation drei organisierte Strandbäder in Lárnaka, Limassol und Geroskípou bei Páfos.

Die schönsten Strände sind **Sandy Beach** – 900 m Sandstrand vor aufgewehten Dünen gleich neben dem Hafen von Agía Nápa (M 7); **Níssi Beach** – eine flach abfallende, daher kinderfreundliche Bucht bei Agía Nápa mit viel Trubel am breiten Sandstrand (L 7; kinderfreundlich ist auch der Strand in der flachen Bucht von Paralímni-Protarás); **Governor's Beach** – Sandstrand oder glattgeschliffene, weiße Felsschollen fürs Sonnenbad (G 9) und schließlich **Lára Beach**, ein noch völlig unverbauter Sandstrand auf der Akámas-Halbinsel mit Schutzzone für die Meeresschildkröten (A 7).

Sport an Land

Zwei mit jedem Komfort ausgestattete **Golfplätze** im Bezirk Páfos werden auch höchsten Ansprüchen gerecht. Sie stehen allen Interessenten offen. In Agía Nápa gibt es zudem eine Driving Range. **Tennisplätze** besitzt fast jedes größere Hotel. Die meisten sind mit Flutlicht ausgerüstet.

Reiten: Gelegenheit zum Reiten bieten private Ställe bei Agía Nápa, Limassol und Pólis; im Hochsommer werden darüber hinaus auch in Tróodos Reitpferde vermietet.

Fahrräder (CL 2/Tag) kann man insbesondere in der relativ flachen Region um Agía Nápa in großer Zahl mieten; das Zentrum für Mountain-Biker ist Pólis.

Biken im verschneiten Tróodos, baden am Strand: Alles ist drin

Skifahren am Olymp ist meist von Anfang Januar bis Ende März möglich. Es gibt vier Schlepplifte zwischen 150 und 500 m Länge; die Pisten sind präpariert. Der Ski Club von Zypern betreibt eine Jausenstation mit Skiverleih.

Die beliebteste Zuschauersportart ist Fußball. In der zypriotischen Profi-Liga spielen zwölf Vereine.

Wandern

Für Wanderfreunde wird auf Zypern viel getan. Auf der Insel gibt es 27 gut ausgeschilderte Wander- und Naturlehrpfade, meist etwa 3–8 km lang. Sie erfordern keine besondere Kondition, aber trittsicheres, rutschfestes Schuhwerk. Oft erklären Tafeln am Wegesrand Pflanzen, geologische Erscheinungen oder Aussichten. Für die Naturlehrpfade im Tróodos-Gebirge und auf der Akámas-Halbinsel sind in den Büros der Cyprus Tourism Organisation (C.T.O.) kostenlose Wegskizzen mit Erklärungen erhältlich. Drei schöne Pfade rund um den Olymp sind in der Extra-Tour 5, s. S. 92, beschrieben.

Ein Problem gibt es freilich häufig: Um an den Start zu gelangen, braucht man ein Fahrzeug. Zudem sind nicht alle Wege als Rundwanderwege ausgelegt. Man muß sie also entweder hin und zurück begehen oder ein Taxi an den Endpunkt bestellen. Wer viel wandern will, sollte daher eine Wanderreise über die Reiseveranstalter buchen.

Wassersport

Angeln: Gelegenheit zum Hochseeangeln bieten alle Orte mit Häfen. Für das Angeln in den Stauseen der Insel muß eine ganzjährig gültige Lizenz von den Fischereiämtern der zuständigen Bezirke erworben werden (CL 3 pro Stausee oder CL 10 für alle Stauseen). 17 verschiedene Speisefischarten sind in den Seen ausgesetzt.

Gerätetauchen (*Scuba Diving*) ist überall gestattet; es gibt zahlreiche Tauchsportzentren und Geräteverleihfirmen, in Lárnaka auch eine Dekompressionskammer. Archäologische Funde und Naturschwämme dürfen nicht mit nach oben gebracht werden. Die Tauchlehrer sprechen Englisch, die meisten auch für ihre Zwecke gut genug Deutsch.

Motor- und Segeljachten können über zwei Firmen in Limassol mit und ohne Skipper gechartert werden. Zypern besitzt zwei Marinas, eine in Lárnaka und eine bei Limassol.

Wassersportzentren gibt es vor vielen großen Hotels und in allen Badeorten. Ein viersitziges Tretboot kostet CL 4/Std., ein zweisitziger Jet-Ski CL 10/15 Min. Ein Surfboard kann man für CL 5/Std. ausleihen, eine Runde Wasserski für CL 5/km drehen. Für 10 Minuten Fallschirmsegeln zahlt man CL 12.

Sprach-führer

Viele Zyprioten sprechen sehr gut Englisch, in den Urlaubsorten sind auch Deutschkenntnisse weit verbreitet. Ein Zypern-Urlaub ist aber eine gute Gelegenheit, das griechische Alphabet zu lernen. Zu beachten ist, daß viele Worte ganz anders gesprochen werden, als ihre Umschrift in lateinischen Buchstaben denken läßt.

Das griechische Alphabet

groß	klein	Aussprache	Umschrift
Α	α	**a**	/ a
Β	β	**w**	/ v (w)
Γ	γ	**j** vor I und E,	/ g (j, y)
		sonst wie weiches **g**	/ g (gh)
Δ	δ	wie im Engl. ›**th**e‹	/ d (dh)
Ε	ε	**ä**	/ e (ä)
Ζ	ζ	**s**	/ z (s)
Η	η	**i**	/ i
Θ	θ	wie im Engl. ›**th**anks‹	/ th
Ι	ι	**i**, vor A wie **j**	/ i (j)
Κ	κ	**k**	/ k
Λ	λ	**l**	/ l
Μ	μ	**m**	/ m
Ν	ν	**n**	/ n
Ξ	ξ	**x**	/ x (ks)
Ο	ο	wie in ›**o**ft‹	/ o
Π	π	**p**	/ p
Ρ	ρ	**r** gerollt wie im Italienischen	/ r
Σ	σ	wie in ›Ta**ss**e‹	/ ss (s)
Τ	τ	**t**	/ t
Υ	υ	**i**;	/ y (i)
		nach A und E wie **w** vor stimmhaftem Konsonant,	/ w (v)
		wie **f** vor stimmlosem	/ f (v)
Φ	φ	**f**	/ f (ph)
Χ	χ	wie in ›i**ch**‹ vor Konsonanten und dunklen Vokalen; wie in ›a**ch**‹ vor hellen Vokalen	/ ch
Ψ	ψ	**ps**	/ ps
Ω	ω	wie in ›**o**ft‹	/ o

Buchstabenkombinationen

ΑΙ	αι	**ä**	/ e (ä)
ΓΓ	γγ	**ng**	/ ng
ΕΙ	ει	**ie**	/ i
ΜΠ	μπ	**b** im Anlaut	/ b
		mb im Wort	/ mb
ΝΤ	ντ	**d** im Anlaut;	/ d
		nd im Wort	/ nd (nt)
ΟΙ	οι	**i**	/ i
ΟΥ	ου	**u**	/ ou (u)
ΤΖ	τξ	**ds**	/ tz (ds)

Nützliche Worte

Guten Tag	kalí méra
Guten Abend	kalí spéra
Gute Nacht	kalí níchta
Hallo (per du)	jássu
Hallo (per Sie oder mehrere)	jássas
Auf Wiedersehen	adío
Bitte	parakaló
Danke	efcharistó
Entschuldigung	singnómi
Ja/jawohl	nä/málista
Nein	óchi
Es gefällt mir (nicht)	(den) maréssi
Gut/schlecht	kaló/kakó

Die wichtigsten Sätze

Auskünfte

Gibt es...?	échi...?
Wo ist...?	pu íne...?
Wie spät ist es?	ti óra íne?
Wieviel kostet das?	pósso káni aftó?
Was wünschen Sie?	ti théle-te?
Wo ist die Toilette, bitte?	pú íne tualétta parakaló?

Unterkunft

Haben sie ein freies Zimmer? -;	échete éna eléfthero domátio?
... für eine Nacht	... ja éna vrádi

Unterwegs

Hafen/Schiff	limáni/karáwi
Station/Bus	stathmós/leoforío
Motorrad/Auto	motosikléta/aftokínito
Wann fährt er/es ab?	póte thá féwji?
Wieviele Kilometer bis...?	póssa chiliómetra sto...?
Wo fährt der Bus nach...?	pú féwji tó leoforío já...?
Wann fährt der letzte Bus nach...?	póte féwji tó tleftéo leoforió já...?
Ist das der Weg nach...?	íne aftós ó drómos já...?

Orientierung:

links	aristerá
rechts	deksjá
geradeaus	efthían
hinter, zurück	píso
weit	makría
nah	kondá

Tageszeiten:

Vormittag	proí
Mittag	mésimeri
Nachmittag	apógewma
Abend/Nacht	wradi/nichta

Im Restaurant:

Speisekarte	katálogos
Rechnung	logarjasmó
Zahlen, bitte	pliróssomä, parakaló
Eine Portion	mía merída
Zwei Portionen	dío merídes
Wasser	näró
Brot	psomí
Mit (ohne) Zucker	mä (chorís) záchari
Mit Milch	mä gála

Zahlen: Die Eins zeigt man mit dem Zeigefinger, der Daumen kommt erst für die Fünf hinzu!

1	éna (männl.), mía (weibl.)	40	saránda
2	dío	50	penínda
3	tría, tris	60	eksínda
4	téssera, tésseris	70	eftomínda
5	pénde	80	októnda
6	éksi	90	enneninda
7	eftá	100	ekató
8	októ	200	diakósja
9	ennéa	300	triakósja
10	déka	400	tetrakósja
11	éndeka	500	pendakósja
12	dódeka	600	eksakósja
13	dekatría	700	eptakósja
14	delatéssera	800	oktakósja
20	íkossi	900	ennjakósja
21	íkossi ena	1000	chílja
30	triánda	2000	dío chiljádes
		1 Mio.	éna ekatomírrio

Auskunft

Zypriotische Fremdenverkehrsämter

... in Deutschland
Kaiserstr. 50, 60329 Frankfurt/M.
Tel. 069/25 19 19, Fax 25 02 88.
... in Österreich
Zypern Tourismus
Parkring 20, 1010 Wien
Tel. 0222/513 18 70, Fax 513 18 72
... in der Schweiz
Gottfried-Keller-Str. 7,
8001 Zürich
Tel. 01/262 33 03, Fax 251 24 17

Tourist-Information auf Zypern

Büros der *Cyprus Tourism Organisation* (C.T.O.) gibt es in allen zypriotischen Städten sowie in Páno Plátres im Tróodos-Gebirge (Adressen s. Orte von A–Z).

Reisezeit

Zypern ist ein Reiseziel fürs ganze Jahr. Das Meerwasser ist zwischen Mai und November über 18 °C warm. Seine höchste Temperatur erreicht es im September mit 25 °C, seine niedrigste im Februar mit 14 °C.

Mit 11–13 Regentagen pro Monat ist das Quartal zwischen Dezember und Februar am niederschlagsreichsten. Zwischen Mai und September regnet es maximal ein- bis zweimal im Monat.

Die Tageshöchsttemperaturen liegen an der See zwischen Juni und September etwas über 30 °C, in Nicosia können sie bis 37 °C ansteigen. Zwischen Dezember und März ist es an der Küste 17–19 °C warm. Nachtfröste sind unter 1000 m Höhe auch im Tróodos selten, an der Küste sinken die Nachttemperaturen selbst in den Wintermonaten selten unter 8 °C.

Wer im Winterhalbjahr nach Zypern reist und kein Einsamkeitsfanatiker ist, sollte die Hotels in Protarás und Paralímni meiden. Beide Orte gleichen dann Geisterstädten, in denen die meisten Geschäfte, Restaurants und Hotels geschlossen sind. Gerade für die Wintermonate sind eigentlich nur Páfos, Pólis und Limassol als Urlaubsorte geeignet.

Einreise

Bei einer Aufenthaltsdauer unter drei Monaten genügt ein gültiger Personalausweis oder Reisepaß. Kinder unter 16 Jahren müssen im Paß der Eltern eingetragen sein oder einen eigenen Kinderausweis besitzen.

Anreise

Mit dem Flugzeug

Im Charterverkehr werden die Flughäfen von Páfos und Lárnaka ganzjährig von vielen Orten in den deutschprachigen Ländern aus angeflogen. Im Linienverkehr fliegen Austrian Airlines, Lufthansa und Swissair ausschließlich, Cyprus Airways überwiegend nur Lárnaka an. Innerzypriotische Verbindungen gibt es nicht.

Beide Flughäfen sind behindertenfreundlich. Am Lárnaka Airport können Mietwagen bei mehreren Firmen angemietet werden, am Flughafen Páfos muß man den Wagen vorreservieren. In beiden

Flughäfen gibt es auch zu allen Ankünften geöffnete Bankschalter und Informationsbüros der Cyprus Tourism Organisation. Bei der Ausreise kann man an beiden Flughäfen zollfrei einkaufen.
Flughafen Lárnaka: 5 km westlich des Stadtzentrums, keine Linienbusverbindungen. Taxi ca. CL 1,75 (zwischen 20.30 und 6 Uhr CL 2,15, pro Gepäckstück über 12 kg 81 c bzw. CL 1,08)
Flughafen Páfos: 15 km östlich des Stadtzentrums, keine Linienbusverbindungen. Taxi ca. CL 3,95 bzw. CL 4,75, Gepäck wie Lárnaka).

Mit der Fähre

Direktfähren zwischen Italien und Zypern gibt es nicht. Man muß zunächst von Italien nach Patras auf dem griechischen Peloponnes übersetzen, dann über Land etwa 220 km weit nach Piräus fahren und sich dort wieder einschiffen. Fähren zwischen Piräus und Limassol auf Zypern verkehren ganzjährig dreimal wöchentlich, die Überfahrt dauert je nach Schiff 37–40 Stunden. Auskunft:
Generalagentur Neptunia,
Schmiedewegerl 1, 81241 München, Tel. 089/896 07 30,
Fax 89 60 73 34

Unterwegs auf Zypern

Mit dem Bus

Linienbusse mehrerer privater Gesellschaften verbinden die Städte Zyperns mehrmals täglich untereinander. Sie verkehren jedoch weder sonntags noch abends.

Mit dem Sammeltaxi

Das gängigste Verkehrsmittel im Verkehr zwischen den Städten sind die *Service Taxi* genannten Sammeltaxis. Sie sind etwa doppelt so teuer wie Linienbusse, bieten aber häufigere Abfahrtszeiten und Abholung von jedem gewünschten Ort und Hotel innerhalb der Stadtgrenzen. In der Regel handelt es sich bei ihnen um Mercedes-Fahrzeuge, die bis zu sieben Passagieren Platz bieten. Service-Taxis sind werktags zwischen etwa 6 und 19 Uhr unterwegs, sonntags und an Feiertagen zwischen 7 und 18 Uhr.

Mit dem Taxi

In allen Städten und Touristenzentren stehen rund um die Uhr Taxis bereit. Sie können telefonisch gerufen werden und sind mit einem Taxameter ausgerüstet. Zwischen 6 und 20.30 Uhr gilt der Tarif I (65 c/km, Wartesstunde CL 4), nachts sowie an Sonntagen der Tarif II (88 c/km, Wartestunde CL 5,75).

In größeren Dörfern gibt es sogenannte *Rural Taxis* (griechisch: *Agoréo*), in denen es keine Taxameter gibt. Sie sind etwas preiswerter als städtische Taxis, dürfen Fahrgäste aber immer nur in ihrem Herkunftsdorf aufnehmen.

Mit dem Auto oder Motorrad

Das zypriotische Straßennetz ist sehr gut ausgebaut, die Städte sind untereinander durch Autobahnen von mitteleuropäischem Zuschnitt verbunden. Die Zyprioten fahren in der Regel sehr diszipliniert, die Fahrzeuge sind fast immer in einem guten Zustand. Die Beschilderung ist vorbildlich.

Leihwagen: Mietautos vom Kleinwagen bis zum Jeep und Minibus werden in allen Städten und Touristenzentren in großer Zahl angeboten. Sie tragen alle ein rotes Nummernschild mit einem Z als erstem Buchstaben. Die Preise sind abhängig von der Mietdauer und der Saison. Für einen Pkw mit 1200 ccm zahlt man im Sommer etwa CL 14–17, im Winter kann man Rabatte aushandeln. Im Mietpreis sind immer unbegrenzte Freikilometer, Haftpflicht- und Vollkaskoversicherung (letztere mit CL 300–500 Selbstkostenbeteiligung) enthalten. Der nationale Führerschein genügt; viele Firmen setzen aber ein Mindestalter des Mieters von 21 Jahren voraus.

Mopeds und Motorräder: Zweiräder werden auf Zypern weitaus seltener verliehen als auf anderen Mittelmeerinseln. Man findet sie hauptsächlich in den ausgesprochenen Badeorten. Es wird der nationale Führerschein verlangt, der im Heimatland zum Fahren des entsprechenden Fahrzeugs berechtigt. Das Mindestalter des Fahrers beträgt 18 Jahre; Mopeds unter 50 ccm dürfen auch schon von 17-jährigen benutzt werden. Es besteht Helmpflicht. Inklusive Vollkaskoversicherung kosten kleine Mopeds ab CL 5/Tag, Motorräder über 100 ccm ab CL 8/Tag.

Fahrrad: Zypern ist keine fahrradfreundliche Insel. Radwege gibt es nur im Gebiet von Agía Nápa und Paralímni, wo auch viele Fahrräder vermietet werden. Mountain-Bikes werden in Pólis angeboten.

Verkehrsregeln: Auf Zypern wird wie in Großbritannien links gefahren. Die zulässige Höchstgeschwindigkeit beträgt auf Autobahnen 100 km/h, auf Landstraßen 80 km/h und in Ortschaften 50 km/h. Auf den Vordersitzen herrscht Anschnallpflicht; Kinder unter fünf Jahren müssen auf dem Rücksitz Platz nehmen. Die Promillegrenze liegt bei 0,9.

Tankstellen: Zahlreich. Sie sind aber nur Mo–Fr und So 6–18 Uhr und Sa 6–16 Uhr geöffnet. Viele Tankstellen sind allerdings mit Zapfsäulen ausgerüstet, aus denen man nach Einlegen eines Geldscheins zu jeder Zeit tanken kann. Die Benzinpreise sind relativ niedrig. Diesel kostet ca. 11 c/l, bleifreies Benzin ca. 37 c/l.

Unterkünfte

Die zypriotische Hotellerie hat ein sehr hohes Niveau. Das Preis-Leistungs-Verhältnis ist im Vergleich zu den mitteleuropäischen Ländern ausgezeichnet. Wenn man beabsichtigt, überwiegend in sehr guten Hotels zu übernachten, lohnt es sich allerdings nicht, auf eigene Faust zu reisen: über Reiseveranstalter gebucht, sind die teuren Hotels fast immer weitaus preiswerter, als wenn man individuell unterwegs ist.

Im Unterschied zu Griechenland werden auf Zypern nur wenige **Privatzimmer** vermietet. Auch kleine Privatpensionen sind eher selten. Die überwiegende Zahl der Reisenden wohnt in **Hotels und Hotel-Apartments**. Hotel-Apartments sind wesentlich preiswerter als Hotels und für Individualreisende besonders empfehlenswert. Die Zimmer sind hier häufig geräumiger und verfügen sogar noch über eine Küchenzeile. Was fehlt, sind der tägliche Reinigungsservice und der häufige Handtuch- und Wäschewechsel. Gemeinschaftseinrichtungen wie Lobby und Bar sind häufig kleiner oder fehlen ganz.

Sehr klein ist auf Zypern die Zahl der Hotels und Pensionen in historischen Gemäuern. Einige wenige aber gibt es; sie werden in diesem Reiseführer bei den entsprechenden Orten alle genannt.
Auch **Ferienhäuser** sind auf Zypern nur in geringer Zahl verfügbar. Spezialist für die Vermittlung von Ferienhäusern sind Jassu-Reisen, Cäsariusstr. 79a, 53649 Königswinter, Tel. 02223/2 52 50, Fax 2 52 05 und Attika-Reisen (Katalog in Reisebüros).

Ein **Gesamtverzeichnis** aller offiziellen Unterküfte auf der Insel mit exakten Preisangaben erscheint jährlich neu. Es kann bei der Fremdenverkehrszentrale Zyperns kostenlos angefordert werden und ist zudem auch auf Zypern in allen Büros der Cyprus Tourism Organisation erhältlich. Es enthält auch eine Liste aller zypriotischen Reisebüros.
Zimmerpreise: Die Preise für alle Unterkünfte werden jeweils für den Zeitraum vom 1. April bis 31. März festgesetzt und von der Cyprus Tourism Organisation genehmigt. Sie müssen an der Rezeption aushängen und dürfen nicht überschritten werden. Zwischen Mitte November und Mitte März gelten Nebensaisonpreise, die häufig um bis zu 40% unter den Hauptsaisonpreisen liegen und durch etwas Feilschen oft noch weiter zu drücken sind. Für ein Zusatzbett dürfen bis zu 40 % des Doppelzimmerpreises verlangt werden; für die Nutzung eines Doppelzimmers als Einzelzimmer maximal 80 % des Doppelzimmerpreises.

Camping: Auf den Zeltplätzen Zyperns campieren überwiegend Einheimische. Organisierte Campingplätze mit guten sanitären Einrichtungen und Restaurants gibt es bei Agía Nápa, Limassol, Páfos (Coral Bay und Geroskípou), Pólis und Tróodos sowie am Governor's Beach zwischen Lárnaka und Limassol. Die Übernachtungsgebühren betragen pro Zeltplatz CL 1–1,50 und zusätzlich CL 1–1,50 pro Person. In der Region von Pólis wird auch wild gezeltet.
Jugendherbergen: Zyperns Jugendherbergen sind klein und nicht sehr komfortabel. Sie stehen allen Inhabern eines Internationalen Jugendherbergsausweises unabhängig vom Lebensalter offen. Reservierungen vor Reiseantritt (auf englisch) sind angesichts der beschränkten Kapazität dringend anzuraten. Jugendherbergen gibt es in Agía Nápa, Lárnaka, Nicosia, Páfos, Stavrós tis Psókas und Tróodos. Die Übernachtung kostet pro Person und Nacht CL 3–5. Schriftliche Anfragen sind zu richten an: Cyprus Youth Hostel Association, P.O. Box 1328, CY-1506 Nicosia, Cyprus.

Behinderte

Für Körperbehinderte wird auf Zypern sehr viel mehr getan als in anderen Mittelmeerländern. Viele Hotels sind behindertenfreundlich geplant; diese sind im offiziellen Hotelverzeichnis der Fremdenverkehrszentrale benannt. Mehrere Reisebüros in Zypern besitzen Spezialbusse für Rollstuhlfahrer, an den Flughäfen ist man gut auf sie eingestellt. Auch die Hilfsbereitschaft der Zyprioten gegenüber Körperbehinderten ist groß.

Orte v

Zu sehen gibt es viel auf Zypern, der drittgrößten Insel im Mittelmeer – an den Küsten, im Gebirge und in der Inselhauptstadt Nicosia. Besuchen Sie alle wichtigen Sehenswürdigkeiten, die besten und urigsten Tavernen, die Lieblingsplätze der Nachtschwärmer und nächtigen Sie in den schönsten Zimmern. Fahren Sie Ski in den Bergen oder entspannen

on A-Z

Sie an einem der Strände. Dieser Führer zu ›Aphrodites Insel‹ gibt Ihnen nützliche Tips und ausgesuchte Adressen an die Hand, damit Ihr Urlaub zum Erlebnis wird. Und dem, der auf Zypern Besonderes sehen möchte, dem seien die Extra-Touren empfohlen. Süd-Zypern in kompakter, überschaubarer Form, für den, der viel sehen und nichts verpassen will.

Orte von A-Z

Alle interessanten Orte und ausgewählte touristische Highlights auf einen Blick – alphabetisch geordnet und anhand der Lage- bzw. Koordinatenangabe problemlos in der großen Extra-Karte zu finden.

Agía Nápa

Lage: L/M 7
Vorwahl: 03
Einwohner: 1800

Der südöstlichste Ort Zyperns lebt fast ausschließlich vom Tourismus. Das große Plus sind die vielen Sandstrände im Ort und seiner Umgebung, die gepflegten Straßen und Hotels und Zyperns einzige Fahrradwege. Dafür verzichtet man auf historisches Flair und ist relativ weit von den Ausflugszielen im Gebirge und im Westen der Insel entfernt. Mittelpunkte des Urlauberlebens sind der Fischer- und Bootshafen am Rand des von Dünen begrenzten Ortsstrandes und das Geschäftsviertel in der Umgebung des Klosters.

Kloster Agía Nápa: Im Zentrum, frei zugänglich.
Das 1570 gegründete Kloster dient heute als ökumenische Begegnungsstätte. Für Erfrischung sorgen ein venezianisches Brunnenhaus und eine als Wasserspeier dienende antike Eberkopfplastik im Klosterhof, vor dem Südtor gibt eine 26 m hohe, 600 Jahre alte Sykomore Schatten.

Marine Life Museum: Odós Agías Mávris 25, im Rathaus, Mo–Sa 9–14, Mo und Do auch 16–17.30, Mai–Sept. bis 18.30 Uhr, Eintritt CL 1.
Ausgestellt sind überwiegend Muschel- und Schneckengehäuse aus aller Welt.

Marine World: An der Straße zur Halbinsel Makrónissos, tgl. 11–17 Uhr.
Kleines Delfinarium mit zwei Tieren. Shows im Sommer 1 x tgl. außer Mo, im Winter nur So und Do. Wechselnde Anfangszeiten, vor Ort zu erfragen.

Hellenistische Gräber: Halbinsel Makrónissos, 250 m östlich vom Hotel Dome, frei zugänglich.
19 in den Uferfels gehauene Gräber aus hellenistischer und römischer Zeit zeugen von der antiken Besiedlung dieser Region. Ursprünglich waren sie mit Steinplatten verschlossen; die Toten waren in Tonsarkophagen beigesetzt.

Sandy Beach: Etwa 900 m langer Sandstrand, der sich vom Hafen aus vor dem Ortskern nach Osten erstreckt.

Anonymous Beach: Sandstrand 3 km westlich des Ortszentrums von Agía Napa.

Sightseeing | Camping
Baden/Strände | Restaurants
Sport & Freizeit | Shopping
Ausflüge | Nightlife
Information | Feste
Hotels | Verkehr

Níssi Beach: Langer Sandstrand an extrem flacher Bucht, bunt schimmerndes Wasser, 4 km westlich.
Makrónissos Beach: Zwei Sandstrände zu beiden Seiten einer kleinen Halbinsel, 5 km westlich.
Agía Thékla Beach: Kilometerlanger schmaler Strand ohne viel Betrieb, 6 km westlich.

Tauchen: Tauchschule The Scuba Base, an der Straße nach Lárnaka, Tel. 72 24 42 oder Mobiltelefon 09/62 70 41.

Lunapark: An der Straße nach Lárnaka, tgl. 12–2 Uhr. Vergnügungspark mit Riesenrad, Auto-Scooter und Skycoaster (eine Art Bungee-Springen), Minigolf und Mini-Eisenbahn.
Waterworld: An der Straße nach Agía Thékla, ausgeschildert. April–Okt. tgl. 10–18 Uhr. Großes Spaßbad mit vielen Wasserrutschen.

Cape Gkréko: 8–10 km östlich. Der südöstlichste

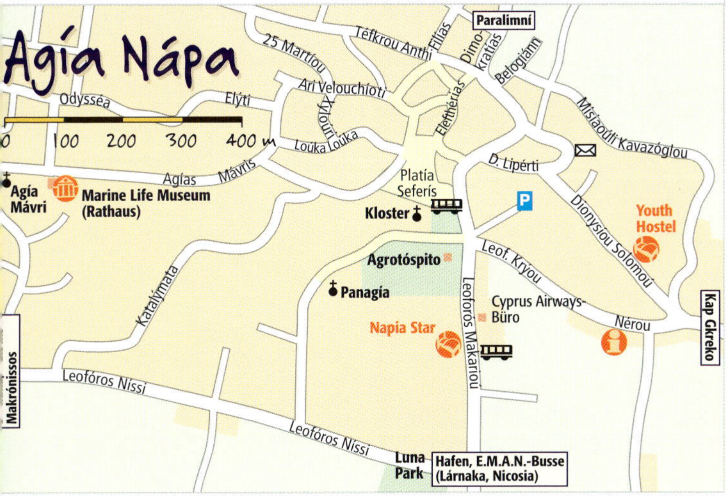

Ein Stückchen New York auf Zypern: an der Neonbeleuchtung wird in Agía Nápa nicht gespart

Zipfel der Insel steht unter Naturschutz. Es gibt ausgewiesene Wanderwege, von denen einer von der Hauptstraße zur über Meeresgrotten erbauten Kapelle Agíoi Anargýroi und weiter zum Kónnos Beach führt. Die Spitze des Kaps ist allerdings militärisches Sperrgebiet.

Liopétri: 15 km westlich. In dem kleinen Dorf werden im Sommer und Herbst noch in und vor einigen Häusern traditionelle Körbe geflochten. Im Ortszentrum kann man die **Akhyrónas-Scheune** besichtigen, eine Gedenkstätte für vier Partisanen, die hier 1958 im Kampf gegen die Briten fielen.

Paralímni: s. S. 71

Potamós tou Liopetríou: 9 km westlich. Im fotogensten Fischerhafen der Insel liegen die Boote in einer schmalen Flußmündung, an der auch zwei Tavernen stehen. Eine Wassersportstation am Pótamos Beach am linken Ufer der Flußmündung bietet die Möglichkeit zum Windsurfen, Jet-Ski-Fahren und Paragliding.

C.T.O.: Leofóros Krýou Neroú 12, Tel. 72 17 96.

Nápia Star: Odós Makáriou 12, Tel. 72 15 40, Fax 72 16 71, teuer.
Zentral unterhalb des Klosters gelegenes Hotel mit Pool und Hallenbad, 217 Zimmer.
Dome: Auf der Halbinsel Makrónissos, 5 km vom Ortszentrum, Tel. 72 18 21, Fax 72 10 10, Luxus.
Ruhig zwischen zwei flach abfallenden Sandbuchten gelegen. Großes Sportangebot, u. a. auch Bogenschießen und Mountain-Bike-Exkursionen. 205 Zimmer.
Níssi Beach: Am gleichnamigen Strand, 2,5 km vom Zentrum, Tel. 72 10 21, Fax 72 16 23, Luxus.
Schon vor 1974 gegründetes, mehrfach erweitertes Hotel mit schönem alten Garten direkt am Sandstrand. 270 Zimmer.
Youth Hostel: Odós Dionysiou Solomoú 23, Tel. 72 31 13.
Jugendherberge im Ortszentrum.

Ayía Nápa: Strandnaher Platz westlich der Stadt, geöffnet März–Okt., 150 Stellplätze, Tel. 72 19 46.

Markos: Am Hafen. Besonders freundliche Taverne, große Auswahl, schöner Ausblick.
Oleander: Leofóros Krýou Neroú 10. Folkloristisch eingerichtete Taverne mit großer Auswahl. Statt Pommes serviert Oberkellner Paníkos auch gern Folienkartoffeln; Inhaber Ákis steht meist selbst am Grill und gart seine Kebabs über dem offenen Holzfeuer.
Stamnós: Odós Dimokratías 8. Taverne im ältesten Haus des Ortes.

A&M Leatherland: Odós Makáriou 3, April–Nov. tgl. 8–23, sonst 8–18 Uhr .
Besonders gute Auswahl an Lederwaren aller Art.

Apocálypsis: Leof. Krýou Neroú, ab 23 Uhr. Bouzoúkia, in der überwiegend griechisch getanzt wird; teuer.
Black White: Odós Loúka Loúka. Zentral gelegene Disco gleich oberhalb des Klosters.
Hard Rock Café: Am Klosterplatz. Musik, Snacks und viele Drinks, dazu Hard Rock Café-Accessoires aller Art. Lecker: der Cocktail Nummer 60 ›P.S. I love you‹ mit Rum, Baileys, Amaretto, Kahlua und Sahne.
Scandinavian Vips Disco: Odós Loúka Loúka. Zentral gelegene Disco, in der ziemlich viel getrunken wird. Man spielt überwiegend Funk, House, Soul und Swing.
Wag: An der Straße nach Makrónissos, tgl. 23–6 Uhr. In-Disco mit internationalem Publikum.

Agía Nápa-Festival: Konzerte, Ausstellungen und viel Folklore im September.

Busse: Nach Lárnaka Mo–Sa 10 x tgl., Juni–Aug. auch So 4 x tgl. ab Kloster und Hafen. Nach Nicosia Mo–Sa 8 Uhr, Rückfahrt 15 Uhr, von Mitte Juni bis Mitte Sept. auch So. Weitere Busverbindungens. S. 71, Paralímni.
Boote: Bei ruhiger See mindestens 1 x tgl. nach Lárnaka.

Ágios Geórgios

Lage: A 7
Vorwahl: 06

Der kleine Weiler ist der letzte Ort im westlichen Teil der Südküste. Er ist als ruhiges Domizil für motorisierte Urlauber geeignet, die keinen Wert auf Strände unmittelbar vor der Hoteltür legen.

Basilika: 50 m nördlich der modernen Dorfkirche, nur von außen einsehbar.
Überreste einer frühchristlichen Basilika aus dem 6. Jh. mit schönen Mosaikfußböden mit mehreren Tierdarstellungen.
Umgürtete Kirche: 50 m südlich der modernen Dorfkirche.
Die langgestrecke, alte Kapelle Ágios Geórgios Pegeías ist wie die Marienkirche von Koúklia (s. S. 42) mit Bindfäden umwickelt. Davor steht ein Wunschbaum, in den wie in den Baum der Solomoní-Kirche von Páfos viele Tücher geknotet sind (s. S. 67).

St. George Rent Rooms: An der Dorfkirche, Tel. 62 13 06, günstig.
13 einfache Zimmer in Bungalows beim gleichnamigen Restaurant, teilweise mit Meerblick.
Macarthur: An der Straße ins Dorf, Tel. 62 20 11,Fax 62 14 36, moderat.
Neues Hotel mit großem Pool und Tennisplätzen unter Flutlicht, ruhig gelegen. Nur motorisierten Urlaubern zu empfehlen; 34 Zimmer.

Ágios Neófytos-Kloster

Lage: B 8
Extra-Tour 1: s. S. 85

In den Bergen über Páfos liegt diese Klosteranlage, deren Ursprünge auf das 12. Jh. zurückgehen.

Enklístria und Museum: April–Sept. tgl. 9–13, 14–18, sonst 9–16 Uhr, Eintritt 50 c.

Im ländlichen Zypern, hier auf der Akámas-Halbinsel, haben die Esel noch viel zu tun

Keimzelle des in einem Talschluß erbauten Klosters ist die *Enklístria* genannte Höhlenkirche des Eremiten Neófytos (1134–1219) aus dem späten 12. Jh. Der Heilige hat sie selbst aus dem Fels gehauen. Alle drei Räume wurden Ende des 12. Jh. mit noch exzellent erhaltenen Fresken ausgemalt. Zwei davon zeigen Neófytos selbst. Auf dem einen führen ihn zwei Erzengel am Tag des Jüngsten Gerichts vor den Richterthron, auf dem anderen kniet er zu Füßen Christi vor dessen Thron, neben dem Maria und Johannes der Täufer stehen.

Das heutige Kloster mit schönem Innenhof und einem kleinen Museum stammt aus dem 16. Jh. Vorn links in der Klosterkirche werden die Gebeine des Neófytos als Reliquie verehrt. Das Gewölbe des linken Seitenschiffs ist mit Malereien ausgestattet, die einen Marienhymnus der orthodoxen Kirche (den Akathist) illustrieren.

Agrós

Lage: E 7
Vorwahl: 05

Die Häuser dieses großen Dorfes verteilen sich über mehr als 100 Höhenmeter an den Hängen eines Gebirgstals etwa 1000–1100 m über dem Meeresspiegel. Es ist Schul- und Einkaufszentrum für viele kleine Siedlungen im östlichen Tróodos und wirkt deswegen recht lebhaft. In der Umgebung werden außer Trauben für den süßen Commandaria-Wein vor allem Rosen angebaut; im April und Mai wird in Agrós aus mehreren Tonnen Blütenblättern Rosenwasser destilliert. Auch die Fleischwaren des Dorfes sind landesweit berühmt: *Loúndsa*, eine Art Kasselerfleisch; *Chiroméri*, ein luftgetrockneter Schinken, und *Loukaniká*, scharf gewürzte Landwürste.

Lagouderá: s. S. 46.
Louvarás: 16 km südlich abseits der Straße, die Agrós mit Limassol verbindet. Der sehr gastfreundliche Schlüsselverwahrer für die Kirche Ágios Mámas wohnt im Dorf am 2. Hinweisschild zur Kirche, die 1455 erbaut und 1495 ausgemalt wurde.
Platanistása: s. S. 75.

Im Hotel Ródon.

Meteóra: An der Dorfstraße im Zentrum,
Tel. 52 13 31, günstig.
Sehr einfaches, älteres und nur im Sommer geöffnetes Hotel mit 18 Betten.
Ródon: 1,5 km außerhalb des Dorfes. Tel. 52 12 01,
Fax 52 12 35, teuer.
Hervorragendes, modernes Hotel auf einem Hügelkamm. Alle 150 Zimmer mit Panoramablick. Das Hotel wird im Sommer bevorzugt von zypriotischen Familien besucht; es gibt einen Pool und einen Sportplatz für verschiedene Ballspiele. Im Sommer werden Wanderungen für Hotelgäste organisiert.

Meteóra: Im Zentrum an der Dorfstraße. Einfaches Gasthaus mit schöner Aussichtsterrasse, gute zypriotische Hausmannskost mit Spezialitäten, Eintopfgerichten, Suppen. Üppiges *Mesé*.

Ródon: Im Supermarkt des Hotels Ródon werden alle im Dorf hergestellten Spezialitäten angeboten.

Akámas-Halbinsel

Lage: A 6/7

Die Halbinsel im äußersten Westen Zyperns, benannt nach einem heimlichen Geliebten der Aphrodite, ist heute teilweise ein Nationalpark, den die Briten allerdings manchmal noch als Manövergebiet nutzen. Um ihn zu erkunden, nimmt man am besten einen Jeep oder wandert.

Avgás-Schlucht (Farangí Avgás): An der Piste entlang der Südküste ausgeschildert. Am Ende des Feldwegs beginnt bei einer Grapefruitplantage ein Pfad, der die auch Avákas genannte Schlucht nach 1,5 km erreicht. Für die 8 km lange Wanderung braucht man ca. 3 Stunden. Eindrucksvolle Schlucht mit Platanen und Oleander entlang dem Bachbett; niedrige, aber senkrechte Felswände, die an mehreren Stellen bis auf wenige Meter zusammenrücken. Gutes Schuhwerk unerläßlich!
Fontana Amorosa: An der Nordküste, nur per Boot oder zu Fuß zu erreichen.
Die Liebesquelle der Aphrodite ist heute nur noch ein einbetoniertes, häßliches Becken. Schön aber ist es, mit dem Boot dorthin zu fahren und dann zu Fuß in etwa 2 Stunden durch Heidelandschaft und später an der Steilküste entlang zum Bad der Aphrodite (Loutrá tis Afrodítis, s. S. 47) zurückzuwandern.
Lára Beach Turtle Project: Am Strand an der Lara Bay legen Karettschildkröten ihre Eier ab. Die Gelege werden von Naturschützern gesichert und kontrolliert; ein Teil der Eier wird auch künstlich ausgebrütet.

Die einzige Taverne im Nationalpark steht am Lara Beach, und ist nur im Hochsommer geöffnet.

Asínou

Lage: E 6
Extra-Tour 2: s. S. 86

In der Bergeinsamkeit oberhalb des Dorfes Nikitári liegt die Marienkirche von Asinou, **Panagía Forviótissa.** Tagsüber ist der Priester meist anwesend; wenn nicht, frage man nach ihm im Kafeníon an der Kirche von Nikitári. Eine Spende (Ansichtskartenkauf) wird erwartet.

Dem kleinen Scheunendachkirchlein sieht man von außen nicht an, daß es der Höhepunkt jeder Kunstreise durch Zypern ist. Bei einem Blick unters Ziegeldach bemerkt man indes, daß sich darunter zwei Kuppeln und zwei Halbkuppeln verbergen. Ein Blick auf die Fassade in der Nähe der Apsis zeigt, daß man schon früher das Bauwerk selbst für zu bescheiden hielt. Um seine einfache Mauerkonstruktion aus Feldsteinen zu vertuschen, überzog man es mit Putz. Darin ritzte man sich rechtwinklig schneidende Linien ein. So entstand von weitem der Eindruck, die Kirche sei aus großen Steinblöcken ähnlich denen eines antiken Tempels errichtet.

Betritt man die Kirche, wird man von der ganzen Bilderwelt der Orthodoxie umfangen. Der Innenraum ist vollständig ausgemalt. Die Farben der Wandmalereien leuchten so frisch wie am ersten Tag – und der liegt schon fast 900 Jahre zurück. Sie wurden nicht etwa restauriert, sondern nur gereinigt. Die ältesten können in die Jahre 1106/07 datiert werden, andere sind aus dem 14. Jh.

Choirokoitía

Lage: G 8

Der kleine, auch Chirokítia geschriebene Ort an der Autobahn Nicosia–Limassol ist schon seit über 9000 Jahren besiedelt: Archäologen legen hier seit 1936 die größte jungsteinzeitliche Siedlung Zyperns frei.

Ausgrabungen: Am unteren Dorfrand nahe der Autobahnausfahrt 14, Mai–Sept. Mo–Fr 7.30– 19.30, sonst Mo–Fr 7.30–18 Uhr. Ganzjährig Sa/So 9–17 Uhr, Eintritt 75 c.
Die neolithische Siedlung lag am Hang eines niedrigen Hügels, der auf drei Seiten von einem Bach umflossen wird. Die etwa 50 bisher ausgegrabenen Rundhütten wurden aus Steinen aus diesem Bach errichtet. Etwa 1000 Menschen lebten in diesem Dorf und ernährten sich von Jagd, Ackerbau und Viehzucht.

Ihre Hütten hatten einen Durchmesser von bis zu 10 m und eine Mauerstärke von bis zu 3 m. In einigen der Hütten waren unter dem Boden Tote beigesetzt. Sie lagen in Hockstellung und waren mit einem großen Stein beschwert, wie um zu verhindern, daß sie den Lebenden gefährlich werden könnten.

Coral Bay

Lage: A 8
Vorwahl: 06

Die Korallenbucht besteht eigentlich aus zwei Buchten, die durch die kurze Halbinsel Palaíkastro-Maa getrennt sind. Oberhalb beider Buchten stehen Ferienhäuser und Hotels. Vor allem in der westlichen Bucht, die von einer niedrigen Steilküste gesäumt wird, kann man am Strand tatsächlich rötliche Korallenreste finden.

Museum der mykenischen Kolonisation: Auf der Halbinsel Palaíkastro-Maa, Mo– Sa 10–16 Uhr, Eintritt 75 c.

Scheunendachkirchen

Viele Kirchen im Tróodos sehen von außen wie Scheunen eines Bauerngehöfts aus. Ihre Dächer sind einfache Holzkonstruktionen, eingedeckt mit Tonziegeln. Erst im Inneren erkennt man, daß sie dennoch häufig die typischen Kuppeln orthodoxer Kirchen besitzen, über die das zweite Dach, wahrscheinlich als Witterungsschutz, gestülpt wurde. Sehenswert sind diese Kirchen aber vor allem wegen ihrer zumeist hervorragend erhaltenen, viele Jahrhunderte alten Wandmalereien.

Funde aus der mykenischen Siedlung auf der Halbinsel.

Corallia Beach Resort: Tel. 62 21 21, Fax 62 21 20, teuer.
Luxushotel an der östlichen der beiden Buchten mit Palmengarten, Süßwasserpool, Hallenbad und einem großen Wassersportangebot.

Fengári: Tel. 62 15 34. Kleiner Platz mit 47 Stellplätzen direkt am Strand.

Dekéleia

Lage: K 6

Als die Briten Zypern 1960 in die Unabhängigkeit entließen, reservierten sie sich per unkündbarem Vertrag zwei Areale als souveräne britische Militärstützpunkte: Das von Akrotíri-Episkopí bei Limassol und das von Dekéleia zwischen Lárnaka und Agía Nápa. Sie haben hier noch immer Hoheitsrechte; bei Verkehrsunfällen kommt die britische Militärpolizei. Britische Soldaten leben mit ihren Familien in schmucken Häusern; für Zyprioten und Touristen sind nur die Durchgangsstraßen zugänglich. Auf dem Gebiet von Dekéleia stehen außerdem ein von der Republik Zypern betriebenes Kraftwerk und eine Meerwasserentsalzungsanlage.

Droúseia

Lage: A 7
Vorwahl: 06

Das noch sehr ursprüngliche Bergdorf (auch Droúshia geschrieben) eignet sich für motorisierte Urlauber gut als alternativer Standort zwischen Pólis und Páfos. Seine Pluspunkte sind die grandiose Aussicht, ein gutes Hotel und urige Tavernen.

Droúshia Heigts: Am unteren Dorfrand, gut ausgeschildert. Tel. 33 23 51, Fax 33 23 53, teuer.
Die meisten der 46 Zimmer und die Poolterrasse bieten einen Panoramablick auf die Bucht von Pólis und das Tróodos-Gebirge; die Hotelbar ist ein Treff der einheimischen Jugend.

Fínikas: An der Dorfstraße etwa 150 m oberhalb des Hotels. Einfache Familientaverne eines gelernten Metzgers. Auf Vorbestellung serviert er auch seltene Spezialitäten wie Lammkopf aus dem Ofen oder Lammhirn und Hammelhoden vom Grill.

Émpa

Lage: B 8
Vorwahl: 06

Großes Dorf, das man auch mit Stadtbussen von Páfos aus erreichen kann.

Panagía Chriseleoússa-Kirche: Am Dorfplatz. Man frage im Kafeníon mit der Hausnummer 119 nach dem Schlüssel. Im Innern der Kirche aus dem 12. Jh. sind die vielen Wandmalereien nur noch schlecht erhalten. Unmittelbar neben dem historischen Gotteshaus wurde 1995 eine bombastische, fünfschiffige Basilika fertiggestellt, die gerade neu im traditionellen Stil ausgemalt wird.

Was Ihr wollt: die beiden Seiten einer Medaille

Mosaic Workshops: Odós Geórgios Neárchos 17, Zufahrt von der Umgehungsstraße Páfos–Tála aus beschildert. Besichtigung und Verkauf nach telefonischer Voranmeldung, Tel. 24 30 83.
Geórgios und Andréas Tapokoúdes arbeiten kunstvolle Wand- und Bodenmosaike nach den antiken Vorbildern der Ausgrabungen von Páfos. Ihre Werke schmücken auch viele Hotels in Páfos und Umgebung.

Fikárdou

Lage: F 7
Vorwahl: 02

Das abseits aller Durchgangsstraßen gelegene Fikárdou steht seit 1978 unter Denkmalschutz. Keine häßlichen Neubauten oder gar rostenden Wellblechdächer verunstalten das alte Bergdorf mit seinen überwiegend aus dem 19. Jh. stammenden Häusern.

Häuser von Katsinióros und Achilléas Dímitri:
Im Dorf gut ausgeschildert.
Mai– Sept. Di–Sa 10–17, So 10.30–14 Uhr. Okt.–April Di–Fr 9–18, Sa 9.30–17, So 9.30–15.30 Uhr, Eintritt 75 c.
Die beiden Häuser sind noch im Stil des späten 19. Jh. zumeist mit Originalmöbeln eingerichtet. Auch eine historische Traubenpresse ist zu sehen.

Yannákos: Am Dorfeingang nahe der Kirche. Gepflegtes Kaffeehaus im traditionellen Stil, dessen Wirt Yannákos auch ausgefallene zypriotische Spezialitäten serviert und selbstdestilliertes Rosenwasser verkauft.

Foiní

Lage: D 7
Vorwahl: 05

Das stattliche, noch relativ selten besuchte Bergdorf (auch Finí geschrieben) war früher ein Töpferzentrum, solange die Menschen noch Keramik statt Plastik verwendeten. Heute arbeiten hier nur noch gelegentlich zwei alte Töpfer für den Souvenirbedarf.

Pilavákion Folk Museum: 15 m unterhalb der kleinen Platía. Wenn geschlossen, im Kafeníon an der kleinen Platía nach Herrn Theofánis Pilavákis fragen. Hier wird deutlich, welche Bedeutung die Töpferei einst für das Dorf besaß. Der Museumsgründer, Herr Pilavákis, führt Besucher meist selbst auf Englisch durch seine Sammlung.

Mýlos: An der Umgehungsstraße. Frische Forellen aus einer unmittelbar benachbarten Zuchtstation.
Sunset: An der Dorfstraße zwischen kleiner und großer Platía. Kleine, familiäre Taverne; Grillgerichte und Hausmannskost. Der Wirt ist Jäger, manchmal gibt es Kaninchen.

Galáta / Kakopetriá

Lage: E 6/7
Vorwahl: 02
Extra-Tour 2: s. S. 87

Am inneren Ende des grünen, baumreichen Soléa-Tals, das sich aus der Mesaória-Ebene bis an den Fuß des Olymps hinaufzieht, gehen die beiden Ortschaften Galáta und Kakopetriá nahtlos ineinander über. Beide Orte sind im Hochsommer abends und an Wochenenden ein beliebtes Ausflugsziel der hitzegeplagten Bewohner Nicosias. Der historische Ortskern von Kakopetriá wurde unter Denkmalschutz gestellt; seine aus Lehm über Feldsteinen erbauten Häuser stehen auf einem Felsrücken zwischen zwei ganzjährig Wasser führenden Bächen.

Kirche Archángelos Michaíl: Am unteren Dorfrand von Galáta, Schlüssel im Kafeníon am Dorfplatz erfragen.
Die unscheinbare Scheunendachkirche neben einem Feld mit Pistazienbäumen hat eine umlaufende Reihe von kleinformatigen, stilistisch recht rustikalen Wandmalereien aus der Zeit um 1520 bewahrt. Bei der Darstellung Jesu im Tempel trägt Joseph die weißen Tauben nicht wie sonst üblich auf den Händen, sondern – einzigartig auf Zypern – in einem Vogelbauer.
Kirche Panagía tis Podýthou: 80 m von der Archángelos-Kirche entfernt.
In der Scheunendachkirche aus der Zeit kurz nach 1500 ist als Wandmalerei eine Kreuzigungsszene erhalten, die deutliche Einflüsse der Renaissancemalerei aufweist.
Ágios Nikólaos tis Stégis: 5 km außerhalb, Zufahrt ausgeschildert, Di–Sa 9–16, So 11–16 Uhr, Eintritt frei.
Wie der Name (deutsch: ›Hl. Nikolaus mit Dach‹) andeutet, handelt es sich um eine Scheunendachkirche, deren typisch zypriotische Überdachung einer im 11. Jh. entstandenen Kuppelkirche übergestülpt wurde. Die ehemalige Klosterkirche ist mit Wandmalereien aus dem 11.–17. Jh. ausgestattet.

Danai: Am Dorfplatz, Tel. 92 25 22, günstig. Privatzimmer, Vermietung über die gleichnamige Taverne.
Makrís Sunotel: Odós Mamántos 48, Tel. 92 24 19, Fax 92 33 67, teuer.

Bestes Hotel im Ort, mit Pool und Tennisplatz, viele der 52 Zimmer mit guter Aussicht über das Tal.

Danái: Am Dorfplatz von Kakopetriá. Einfache Taverne mit sehr freundlichem Wirtspaar. Viele gekochte Gerichte, sehr leckere *Souvlákia* und *Seftaliá* vom Grill, in *Pítta*-Brot serviert.
Galíni-Serenity: An der Hauptgasse im denkmalgeschützten Teil von Kakopetriá. Kafeníon im traditionellen Stil in einem vom Wirt selbst restaurierten Haus im oberen Teil des historischen Dorfkerns.
Maryland The Old Watermill: In Kakopetriá am Bachufer, ausgeschildert. Der an einen Fels geschmiegte, wie ein bedeutendes historisches Gebäude wirkende, vielgeschossige Bau ist ein modernes Phantasieprodukt seines Besitzers Jánnis Aristídou. Er betreibt darin ein gepflegtes, originelles Restaurant mit überwiegend internationaler Küche. Von den Balkonen aus hat man einen herrlichen Ausblick auf Dorf und Olymp.

Busse: Nach Limassol Mo–Fr gegen 5 und 5.45 Uhr, Sa nur 5.45 Uhr. Nach Nicosia Mo–Fr 9–13 x tgl. zwischen 4.50 und 14.30 Uhr. Sa 7 x tgl. (alle Verbindungen durch Klários-Busse).

Geroskípou

Lage: B 8
Vorwahl: 06
Extra-Tour 1: s. S. 85

Der Ortsname bedeutet ›Heiliger Hain‹. In der Antike durchquerten die in Néa Páfos angekommenen Pilger auf ihrem Weg zum Aphrodite-Heiligtum von Palaiá Páfos hier einen der Göttin geweihten Garten, in dem an der Stelle der heutigen Dorfkirche ein Altar stand. Geroskípou, mit Páfos fast zusammengewachsen, ist auf Zypern vor allem wegen seiner hier in mehreren Konditoreien am Dorfplatz hergestellten *Loukoúmia* berühmt, mit Puderzucker bestäubten weichen Pralinen aus eingedickten Fruchtsäften. Ent-

Sigá, sigá – nur keine Hektik: In den Bergdörfern wie Galáta genießt ›Mann‹ die Muße

lang der Hauptstraße haben sich außerdem mehrere Töpfereien niedergelassen.

Agía Paraskeví-Kirche: Auf dem Dorfplatz an der Durchgangsstraße, tagsüber frei zugänglich.
Die Kirche gehört mit ihren sechs Kuppeln zu den ältesten und schönsten der Insel. Wahrscheinlich wurde sie schon im 9. Jh. erbaut. Sie birgt gut erhaltene Wandmalereien aus dem 10., 12. und 15. Jh.
Volkskundliches Museum: An der Durchgangsstraße östlich vom Dorfplatz, Mo–Fr 7.30–14.30, Do außer im Juli und Aug. auch 15–18 Uhr, Eintritt 75 c.
In der Villa eines britischen Konsuls aus dem 19. Jh. kann man u. a. auch sehen, wie in dieser Region damals Naturseide gewonnen und verarbeitet wurde.

Am Strand stehen mehrere Großhotels, die touristisch aber unter dem Ortsnamen Páfos vermarktet werden.

Geroskipou Zenon Gardens: Tel. 24 22 77.
Anlage mit 96 Stellplätzen direkt am Strand.

Governor's Beach

Lage: G 9
Vorwahl: 05

Der ›Strand des Gouverneurs‹ – so genannt, weil hier ein britischer Gouverneur bevorzugt badete, ist einer der letzten noch weitgehend unverbauten guten Strände der Insel. Man hat die Wahl zwischen einem langen Sandstrand vor flachem Hinterland, kleineren Buchten vor Steilküsten und weißen, glattgeschliffenen Felsen.

Andreas & Melani: Am Strand, gut ausgeschildert. Tel. 63 23 14, moderat.
15 moderne Zimmer mit Balkon über der gleichnamigen, großen Taverne direkt am Strand.

Kálymnos Camping: Ganzjährig geöffnet, Tel. 63 23 00.
Großer, moderner Platz mit wenig Schatten, viele Wohnwagen von Zyprioten.

Sofroniou Beach: Am Strand neben dem Hotel Andreas & Melani.
Strandtaverne mit Liegewiese, auf der unter Bäumen Sonnenliegen stehen. Im Sommer große Auswahl auch an Schmorgerichten.

Busse: Mo–Sa um 9.50 Uhr fährt ein Bus vom Hotel Continental an der Uferpromenade von Limassol durch das Hotelviertel (viele Haltestopps) zum Governor's Beach; Rückfahrt ist um 16.30 Uhr.

Kakopetriá

s. S. 38, Galáta

Kalopanagiótis

Lage: D 7
Extra-Tour 2: s. S. 87

Dorf im unteren Teil des grünen Maratása-Tals.

Kloster Ágios Ioánnis Lampadistís: Unterhalb des Dorfes im Bachtal, gut aus-

Mühsam: Steinchen für Steinchen werden Kalkbelag und Dreck abgekratzt und lockere Stücke wieder festgeklebt – heute erstrahlt die Marienkirche von Kíti wieder in neuem Glanz

geschildert, Mo–Sa 9–12, 14–16 Uhr, Eintritt frei.
Das kleine, heute nicht mehr bewohnte Kloster wirkt mit seinen niedrigen, ansprechend restaurierten Gebäuden und seinem winzigen Innenhof sehr idyllisch. Die Klosterkirche vereint unter einem gemeinsamen Scheunendach (s. S. 35) eigentlich drei Kirchen, die alle mit Wandmalereien ausgeschmückt sind: eine Kreuzkuppelkirche aus dem 11. Jh. und je eine Kirche mit Tonnengewölbe aus dem 15. und 18. Jh. Die Fresken aus dem 15. Jh., der Zeit des fränkischen Königreichs Zypern, unterscheiden sich durch ihren stark verwestlichten Stil deutlich von den übrigen.
Schwefelquellen: 150 m bachaufwärts vom Kloster aus, Wegweiser zu den ›Sulphur Springs‹. Schwefelhaltiges Wasser, das früher für Trinkkuren genutzt wurde, fließt hier lauwarm aus mehreren Brunnen.

Kíti

Lage: J 8

Das Dorf in der Küstenebene trägt den Namen der antiken Stadt Kítion, die an der Stelle des heutigen Lárnaka lag.

Panagía Angeloktistós-Kirche: Mo–Fr 8–16, Sa 10–16, So 6–12, 14–16 Uhr, Eintritt frei.
Die ›von den Engeln erbaute‹ Kirche ist ein Werk mehrerer Jahrhunderte. Man betritt sie durch einen rechteckigen Vorbau mit gotischen Kreuzrippengewölben aus dem 13. Jh. In der überkuppelten Hauptkirche aus dem 12. Jh. gilt das Apsismosaik aus dem 5./6. Jh. als frühbyzantinisches Meisterwerk. Es stammt aus einer frühchristlichen Basilika, deren Apsis erhalten blieb und in den späteren Bau einbezogen wurde. Es zeigt die hier noch einfach als

›Heilige Maria‹ statt als ›Gottesgebärerin‹ (Theotókos) titulierte Gottesmutter in prächtigem Gewand auf einem juwelenbesetzten, goldenen Podest zusammen mit zwei wie Himmelsfürsten gekleideten Erzengeln.

Kolóssi

Lage: E 9

Das Dorf Kolóssi ist ein Zentrum des zypriotischen Erdbeer- und Weinanbaus. Vom frühen 14. Jh. bis 1570 war es der Hauptverwaltungssitz der zypriotischen Zweigniederlassung der Johanniterritter von Rhodos, die von hier aus die ihnen vom fränkischen König Zyperns als Lehen gegebenen 60 Dörfer mit Weingärten und Zuckerrohrplantagen verwalteten.

Burg: tgl. 7.30–17.30 Uhr, Mai–Sept. 7.30–19.30 Uhr, Eintritt 75 c.
Wie so oft auf Zypern ist auch diese historische Stätte in einen liebevoll angelegten Garten eingebettet. Aus ihm erhebt sich der mächtige Bergfried der 1454 erneuerten Burg. Über seine Höhe von 23 m verteilen sich drei Geschosse; vom Dach aus überblickt man die Ebene bis hin nach Limassol. Eine Zypresse und eine stützungsbedürftige, vor über 100 Jahren aus Amerika eingeführte Maccherie sind die auffälligsten Bäume im Garten, in dessen Südostecke sich eine gotische Halle erhebt. In ihr wurde Rohrzucker raffiniert. Die Zuckerrohrmühle lag im Freien zu Füßen eines gut erhaltenen Aquädukts.

Am Kiosk vor dem Eingang zum Burggelände kann man abschließend noch den süßen Commandaria-Wein probieren, dessen Namen sich von der Kommandantur des Johanniterordens hier in Kolóssi ableitet.

Koúklia

Lage: B 9

An der Stelle des heutigen Dorfes auf einem flachen Plateau über der Küstenebene stand in der Antike die Stadt Palaiá Páfos mit ihrem weithin berühmten Aphrodite-Heiligtum. Fährt man heute von der Küstenstraße aus hinauf, sieht man zunächst die fränkisch-türkische Festung La Covocle, aus deren Namen sich der heutige Ortsname ableitet.

Palaiá Páfos/Aphrodite-Heiligtum: Von der Küstenstraße aus gut ausgeschildert, Mai–Sept. Mo–Fr 7.30–18, Sa/So 9–17 Uhr; sonst Mo–Fr 7.30–17, Sa/So 9–16 Uhr, Eintritt 75 c.
Das Heiligtum war eins der bedeutendsten Pilgerziele der Antike. Zu den Bräuchen im Heiligtum gehörte es, daß sich jede heiratsfähige Jungfrau aus Páfos vor ihrer Eheschließung im Heiligtum einem ihr unbekannten Fremden hingeben mußte. Manche konnten sich dieser göttlichen Pflicht sehr schnell entledigen, andere warteten monatelang auf einen Freier.

Den historischen Kern des Heiligtums markieren große, monolithische Steine. Hier stand, wahrscheinlich unter einem Baldachin, ein dunkler Stein als anikonisches Kultbild der Göttin. Es ist vermutlich der Stein, der heute im kleinen Museum gezeigt wird, das in der Burg La Covocle untergebracht ist. In römischer Zeit verschönerte man das Heiligtum mit einem Torbau und einem auf drei Seiten von Säulenhallen umgebenen Hof. Reste dieser Bauten sind am Nordrand des Geländes zu entdecken.

Ihnen gegenüber steht unterhalb der schmalen Asphaltstraße eine mittelalterliche Marienkirche, die mit zahlreichen Reihen Schnur umwickelt ist. Diesen Brauch findet man auf Zypern öfters: Nach Meinung mancher Forscher sind die Schnüre ein Anklang an den wundersamen Gürtel Aphrodites, der jeden, der ihn sah, unsterblich in sie verliebt machte.

Vasilías Nikóklis Inn: In Nikókleia, aus Koúklia kommend 800 m hinter dem Dorf an der Straße nach Tróodos, Tel. 43 22 11, Fax 43 24 67, moderat.
Als ›Traditional House‹ eingestufte Privatpension mit Restaurant am Rande des Nachbardorfes Nikókleia. Schöne Lage in ländlicher Atmosphäre mit Blick in das Diárizos-Tal. Nur für motorisierte Urlauber geeignet.

Koúrion

Lage: D/E 9
Vorwahl: 05

Koúrion ist neben den Mosaiken von Páfos die interessanteste Ausgrabungsstätte im Süden Zyperns. Für die Besichtigung sollte man insgesamt mindestens 4–5 Stunden ansetzen. Die von den Römern Curium genannte Stadt war spätestens seit dem 12. Jh. v. Chr. Zentrum eines Stadtkönigreichs und behielt nicht zuletzt wegen seines Apollon-Heiligtums auch noch in der Kaiserzeit ihre Bedeutung. Die Ruinen großer frühchristlicher Basiliken bezeugen, daß die Stadt noch bis zu den Arabereinfällen im Jahr 649 blühte.

Ausgrabungsgelände: An der Küstenstraße ausgeschildert, tgl. 7.30–17, Mai–Sept. 7.30–19 Uhr, Eintritt CL 1. Parkplatz im umzäunten Areal.
Vom restaurierten **Amphitheater** aus dem 2. Jh. v. Chr. hat man einen schönen Blick hinunter auf die Küstenebene, den Koúrion Beach und die Halbinsel Akrotíri. Neben dem Theater liegt unter einem Schutzdach, was vom **Haus des Eustólios** übrig blieb: Fußbodenmosaike, die noch im Stil der heidnischen Antike gehalten sind, aber aus frühchristlicher Zeit stammen.

Etwa 300 m nördlich des Theaters lag das eigentliche Stadtzentrum mit dem **Forum**, in dem die Archäologen noch immer graben. Beherrschender Bau war hier ein **Nymphäum**, also eine repräsentative Brunnenhausanlage.

Am Rand des Steilhangs, von dem aus sich heute oft Drachensegler in die Lüfte schwingen, vermitteln die Grundmauern einer großen frühchristlichen **Basilika** aus der Zeit um 400 einen Eindruck von der Größe der damaligen Stadt. Unmittelbar nördlich an sie angebaut war eine kleinere Basilika mit schönen Mosaikfußböden und einem in den Boden eingelassenen, kreuzförmigen Taufbecken.

Geht man von der Basilika immer am Zaun entlang, stößt man noch auf einige Fußbodenmosaike aus römischer Zeit. Dargestellt sind miteinander kämpfende Gladiatoren und eine Szene aus der Ilias: Odysseus entdeckt auf der Insel Skýros den dort von seinen Eltern verborgenen Achilles, den die Griechen unbedingt

Wie eine Festung in der Bergeinsamkeit: das Kýkko-Kloster

brauchen, um den Trojanischen Krieg gewinnen zu können.

Königsgrab: Gegenüber dem Restaurant Ágios Ermógenis, frei zugänglich.

In den 90er Jahren freigelegtes Grab aus mykenischer Zeit unter einem modernen Schutzdach.

Koúrion-Museum: 2 km östlich, im Dorfzentrum von Episkopí, Mo–Fr 7.30–14.30, Do außer im Juli/auch 15–18 Uhr, Eintritt 75 c.

In dem über 100 Jahre alten Dorfhaus werden Funde aus der antiken Stadt gezeigt – sehenswert nur für archäologisch Interessierte.

Apollon Hylates-Heiligtum: An der Küstenstraße westlich vom antiken Stadion ausgeschildert, tgl. 7.30–17 Uhr, Mai–Sept. 7.30–19 Uhr, Eintritt 75 c.

Apollon wurde in Koúrion als Beschützer des Waldes und der Tiere, aber insbesondere auch als Heilgott verehrt. Durch die Überreste einer Palästra, einer antiken Sportstätte für Ring- und Faustkämpfe, gelangt man zu den fünf Heilschlafhallen hinauf. Hier hofften die Pilger, daß Apollon ihnen im Traum Hinweise für ihre Heilung übermitteln würde. Von den Hallen führt eine Heilige Straße auf den teilweise rekonstruierten Apollon-Tempel aus dem 1. Jh. zu. Unter einem Schutzdach sind außerdem auch Reste römischer Thermen zu sehen.

Viele der Stammgäste sind ständig auf Zypern lebende Briten und anglophile Zyprioten. Britische und zypriotische Küche, *Mesé* nur auf Vorbestellung.

Linienbusse zu den Ausgrabungen fahren mehrmals täglich von der Burg in Limassol ab. Hin vormittags jede volle Stunde, zurück am Mittag.

Koúrion Beach: Kilometerlanger Sand-Kiesstrand unterhalb der Ausgrabungen, mehrere Tavernen, aber keinerlei natürlicher Schatten.

Ágios Ermogénis: An der Straße von der Hauptküstenstraße zum Koúrion Beach. Moderne Taverne, neben einem winzigen Eukalyptuswäldchen gelegen. Schneller Service, große Portionen, mittags auch Salatbuffet.
Episkopí Village Inn Tavern: An der Platía in Episkopí. Restaurantbetrieb nur Mo–Sa ab 17 Uhr, sonst Pub, Reservierung empfehlenswert, Tel. 23 27 51.

Kýkko-Kloster

Lage: D 7
Vorwahl: 02

Das Kloster Panagía tou Kýkkou, das bedeutendste und reichste Zyperns, steht fernab aller Dörfer einsam im westlichen Tróodos. Nur noch 20 Mönche leben in dem riesigen Komplex, der in seinen modernen Nebengebäuden zugleich 600 Pilgerbetten in komfortablen Zimmern bietet. Neben seiner religiösen Bedeutung ist Kýkko ein nationaler Wallfahrtsort. Das Kloster hat den Freiheitskampf gegen die Briten unterstützt; hier war der spätere Erzbischof Makarios III. Novize und Mönch, ganz in der Nähe liegt er begraben.

Kloster: Tgl. tagsüber frei zugänglich. Eintritt zum Museum 50 c.
Das Kloster ist schon im 11. Jh. gegründet worden, doch entstanden die heutigen Gebäude alle erst nach einem großen Brand im Jahr 1813. Vom Wohlstand der Mönche künden schon die neuen Mosaiken auf Goldgrund in den beiden Innenhöfen und die überlange Ikonostase in der vollständig ausgemalten Klosterkirche.

Historische Schätze birgt ein kleines Museum auf dem Kirch-

Reif für die Insel? Die Hafentavernen in Lakkí …

hof. Religiöser Mittelpunkt ist eine im 11. Jh. auf wundersame Weise gefundene Marienikone an der Ikonostase: Der Legende nach malte sie der Evangelist Lukas auf einem Holzbrett, das ihm ein Engel gereicht hatte.

Makarios-Grab: Frei zugänglich auf dem Hügel über dem Kloster. Den Platz hat sich der Kirchenfürst und Landesvater selbst ausgesucht. Soldaten formieren sich dort zur Ehrenwache, wenn sich Besucher nähern.

To Vrýsi: 2 km südlich des Klosters, an der Zufahrtsstraße ausgeschildert. Taverne abseits des Massentrubels, der im Restaurant direkt am Kloster herrscht.

Lagouderá

Lage: E 7

Das noch sehr ländlich gebliebene Dorf im nordöstlichen Tróodos lohnt wegen seiner Scheunendachkirche (s. S. 35) den Besuch.

Panagía-Kirche: Am südwestlichen Dorfrand, ausgeschildert. Der Priester ist tagsüber meist anwesend, sonst im Kaffeehaus nach ihm fragen.

Die idyllisch gelegene Scheunendachkirche aus dem späten 12. Jh. besticht durch ihre Architektur und ihre auf 1192 datierten Fresken. Es handelt sich um eine Kirche mit Tonnengewölbe und Kuppel, der wahrscheinlich erst später das ziegelgedeckte Dach übergestülpt wurde. Es reicht so tief herunter, das es auch einen Umgang auf allen vier Seiten mit überdeckt. Im Innern findet man in der Kuppel die schönste zypriotische Darstellung Christi als Pantokrator, also als Allesbeherrschender. Auch die anderen Fresken legen durch ihre ausgefeilte Technik nahe, daß der Maler seine Kunst in der Hauptstadt Konstantinopel gelernt haben muß.

Lakkí

Lage: A 6
Vorwahl: 06

Noch vor 10 Jahren war Lakkí (das auch Latsí oder Latchí geschrieben wird) ein winziger Weiler mit einem gut geschützten Fischerhafen und nur wenigen Tavernen. Jetzt entwickelt es sich immer stärker zu einem stark besuchten Badeort. Lange Kiesstrände liegen zu beiden Seiten des Hafens.

Alle Arten von **Wassersport** werden mit und ohne Unterricht angeboten. Buchung über Büros in Pólis.

Glasbodenbootsfahrt: Im Sommerhalbjahr tgl. von 10.30–13.30 Uhr entlang der Halbinsel Akámas.
Auch wer nicht taucht oder schnorchelt, kann so die Unterwasserwelt Zyperns erleben.
Loutrá tis Afrodítis: 5 km westlich. In dem von dichtem Grün verborgenen, vor einer niedrigen Felswand gelegenen winzigen Quellteich hat der Legende nach die Liebesgöttin Aphrodite gebadet, bevor sie ihren Liebhaber Akámas traf. Heute badet man besser am Kieselstrand unterhalb der nahen Taverne überm Meer.
Polis: s. S. 76.

Soúli: 400 m westlich vom Hafen an der Straße zum Bad der Aphrodite, Tel. 32 10 88, Fax 32 24 74, günstig.
Von Wirt Fríxos und seiner Tochter Elizabeth, die beide exzellent englisch sprechen, familiär geführtes Hotel unmittelbar am Strand. 35 Zimmer.
Elía Latsí Holiday Village: Südlich der Küstenstraße am östlichen Ortsrand, Tel. 32 23 10, Fax 32 20 24, Luxus.
Großzügiges, weitläufiges Feriendorf an einem Hang mit viel Grün, 2 Pools und kleinem Hallenbad. 200 m vom Strand entfernt, mit und ohne Verpflegung zu buchen. 98 Apartments für bis zu 4 Personen.

... und der Strand beim ›Bad der Aphrodite‹

Porto Latchi: An der Straße zum Bad der Aphrodite am westlichen Hafenrand. Sehr gepflegtes Restaurant in einer jahrhundertealten Lagerhalle für Johannnisbrot. Gute Fischgerichte, abends oft internationale Live-Musik. Im Sommer sitzt man auf der Dachterrasse im Freien.
Ttákas Bay: An der Straße zum Bad der Aphrodite. Urige Strandtaverne, sonntags oft sehr gutes *Kléftiko*. Im Winter sitzt man drinnen am Kamin.
Yiangos & Peter: Am Hafen. Traditionsreichste Taverne im Ort, große Auswahl.

Lárnaka

Lage: J 7
Vorwahl: 04
Einwohner: 65 300
Extra-Tour 1: s. S. 84

Die Hafenstadt, die 1970 erst 21 000 Einwohner zählte, versucht, Urlauberzentrum und Industriestadt zugleich zu sein. Am östlichen Stadtrand stehen die großen Tanks der Mineralölunternehmen, am nördlichen ist eine große Freihandelszone entstanden. Andererseits wird schon die herrliche Palmenpromenade am Rand der Altstadt von einem breiten Sandstrand gesäumt, schließen sich kilometerlange Strände auf beiden Seiten ans Stadtzentrum an. In der Antike stand die phönizische Stadt Kítion an dieser Stelle, im 19. Jh. war Lárnaka Zyperns bedeutendster Hafen und mit fast 8000 Einwohnern fast so groß wie Nicosia. Von dieser Zeit zeugt das restaurierte Altstadtviertel Laikí Geitoniá (Aussprache: Laikí Jitonjá) nördlich vom Fort.

Türkisches Fort: Odós Ankara, Mai–Sept. Mo–Mi, Fr 7.30–19, sonst 7.30–18 Uhr, ganzjährig Do 7.30–18 Uhr, Eintritt 75 c.
Im Innenhof der um 1625 entstandenen türkischen Festung unmittelbar am Wasser sind steinerne Schiffsanker und viele Kanonen zu sehen; in einem Ausstellungsraum werden einige wenige Funde und Fotos von Ausgrabungen in der Umgebung der Stadt gezeigt.
Al-Kebir-Moschee: Odós Ankara (am Fort), unregelmäßig geöffnet.
Die frühere Hauptmoschee der türkischen Zyprioten aus Lárnaka dient heute den hier lebenden Arabern als Gotteshaus.

Ágios Lázaros-Kirche: Odós Dionýsou, tgl. 8–12.30, 15.30–18.30 Uhr (Sept.–März 14.30–17 Uhr).
Der hl. Lazarus, jener durch Jesus von den Toten Wiederauferstandene, wurde später zum ersten Bischof von Kítion, der antiken Vorläuferstadt Lárnakas. Im 9. Jh. entdeckte man hier einen Sarkophag mit der Inschrift ›Lazarus, der Freund Christi‹. Im folgenden Jahrhundert entstand die Kirche, in deren Krypta noch heute der Sarkophag des Heiligen gezeigt wird. Sehr bemerkenswert ist auch die reich beschnitzte Ikonostase.
Agía Faneroméni: Leofóros Faneroménis, tagsüber frei zugänglich.
Unter der modernen Kirche wird in einer alten Höhlenkirche eine Marienikone verehrt, die insbesondere Kranken und Liebenden beisteht.
Ausgrabung von Kítion:
500 m nordöstlich des Archäologischen Museums, Eingang: Odós Leondíou Machéra.
Mo–Fr 7.30–14.30, Do außer im Juli und Aug. auch 15–18 Uhr, Eintritt 75 c.
Die freigelegten Grundmauern sind für den Laien sehr verwirrend. Sie gehören zu einem phönizischen Astarte-Tempel, der von Kupferschmelzöfen und Werkstätten umgeben war.

Museen

Archäologisches Museum:
Odós Kalogréon, Mo–Fr 7.30–14.30, Do außer im Juli und August auch 15–18 Uhr, Eintritt 75 c.
Am eindrucksvollsten ist die Vielzahl antiker Sarkophage.
Naturgeschichtliches Museum:
Im Stadtpark, Leofóros Grigóri Afchendíou, Juni–Sept. Di–So

10–13, 16–18 Uhr, sonst Di–So 10–13, 15–17 Uhr, Eintritt 20 c. Sammlung von Fossilien, Gesteinsproben und Tierpräparaten nicht nur aus Zypern.

Pierídes-Museum: Odós Zinónos Kitiéos 4, 15. 6.–30. 9. Mo–Sa 9–13, 16–19 Uhr; 1. 10.–14. 6. Mo–Fr 9–13, 15–18, Sa 9–13 Uhr, Eintritt CL 1.

In einer Villa aus dem 19. Jh., vor der mehrere prächtige Araukarien-Bäume stehen, gibt die private Pierídes-Sammlung mit 2000 Objekten einen Überblick über die zypriotische Kunstgeschichte von der Jungsteinzeit bis ins 19. Jh. hinein.

Hala Sultan Tekke: Am Salzsee, 5 km westlich der Stadt, Mai–Sept. tgl. 7.30–19.30, sonst 7.30–18 Uhr, Eintritt frei.

Die schönste Moschee Zyperns liegt in einem kleinen Palmenhain am Westufer des Salzsees von Lárnaka. Zugleich ist sie das bedeutendste islamische Heiligtum auf der Insel, denn 649 stürzte hier eine enge Verwandte des Propheten Mohammed während der arabischen Invasion Zyperns vom

Pferd und starb. Auf wundersame Weise schwebten daraufhin drei große Steinplatten aus Jerusalem heran und bildeten ein Grab für sie. 1816 schuf man dann die Moschee mit ihrem kleinen Garten und einfachen Pilgerherbergen.

Cape Kíti: 15 km südwestlich. Beim Ausflug zur berühmten Kirche **Panagía Angelokistós** (s. S. 41) lohnt ein Abstecher zum Kap Kíti mit einem Wachtturm der Venezianer, einem britischen Leuchtturm und schönen Kieselstränden. Auch die Dörfer Perivólia und Meneoú sind ganz vom Strandtourismus geprägt.

Pyla: s. S. 78.

Pyrgá: In dem stillen Dorf birgt die ›Königliche Kapelle‹ (Agía Ekateríni) aus dem 15. Jh. einzigartige Fresken, in denen sich byzantinische und gotische Stilmerkmale vereinen. Die Beschriftung der Darstellungen erfolgte in lateinischer Schrift in einem mittelalterlichen Französisch, unter den Heiligen findet man auch katholische Päpste. Bei Jesu Kreuzigung sind ein fränkischer König Zyperns und seine Frau anwesend.

C.T.O.: Platía V. Pávlou, Tel. 65 43 22; im Flughafen, Tel. 64 30 00.

Athene Beach: Leofóros Athinón 80, Tel. 65 62 72, Fax 65 30 97, günstig.
23 Hotel-Apartments für 2–4 Personen, nur 40 m vom Stadtstrand und 100 m von der Lázaros-Kirche entfernt, geräumig und mit eigener Küchenzeile.

Harry's Inn: Odós Thermopýles 2, Tel. 65 44 53, günstig.
Als ›Traditional House‹ eingestufte, einfache Pension mit schönem Garten, 9 Zimmer, nur teilweise mit eigenem Bad.

Makaria Guesthouse: Odós Mehmet Ali, Tel. 62 62 22, Fax 62 64 06, günstig.
Kleine Pension mit 8 Zimmern für sehr Sparsame; nur Etagenduschen. Vermietung über das Hotel Livadhiótis gleich gegenüber.

Achilléos: Odós Mítsi, Tel. 62 41 50, Fax 62 43 76, moderat.
Zentral und relativ ruhig gelegene Hotel-Apartments in einem Neubau in der Altstadt, 20 Zimmer.

Four Lanterns: Leofóros Athinón 19, Tel. 65 20 11, Fax 62 60 12, teuer.
Traditionshotel direkt an der Palmen-Promenade entlang des Stadtstrandes, z. T. behindertenfreundlich, 56 Zimmer.

Youth Hostel: Odós Nikoláou Róssou 27 (an der Lázaros-Kirche), Tel. 62 11 88, günstig.
Stimmungsvolle Jugendherberge in einer alten türkischen Koranschule.

Forest Beach: An der Straße nach Dekéleia, 8 km östlich der Stadt, Tel. 64 45 14, Fax 65 44 83.
Schöne Anlage mit 78 Stellplätzen unter hohen Eukalyptusbäumen unmittelbar am Strand.

Art Café 1900: Odós Stasínou (nahe Pierídes-Museum), Mo–Sa 9–14.30, 18–24 Uhr, So 18–24 Uhr.
Stilvolles Café-Restaurant in einem Altstadthaus voller historischer Fotos und Plakate. Gelegentlich gibt es Live-Konzerte von Liedermachern. Serviert werden hausgemachte Kuchen, 30 Teesorten, gute Weine und kleine köstliche Gerichte. Die Inhaber Marios und María Pirgoú, auch Betreiber einer Kunstgalerie, sprechen perfekt englisch.

Dichóro: Im Viertel Laikí Geitoniá. Familientaverne im restaurierten Altstadtviertel.
Peproméno: Odós Apostólou Varnáva, tgl. 18–24 Uhr.
Einfache, aber gepflegte Taverne mit großer Auswahl auch an gekochten Speisen nahe dem Pierídes-Museum.

Cyprus Handicraft Service: Odós Kosmá Lysióti 6. Kleiner staatlicher Kunsthandwerksladen, dessen Waren garantiert alle aus Zypern stammen.

Black Turtle Tavern: Odós Mehmet Ali, tgl. ab 20 Uhr, Tel. 62 78 72.
Taverne im ersten Stock eines alten Wohnhauses an der Lázaros-Kirche; jeden Abend ab 21.30 Uhr griechische Live-Musik. Reservierung empfehlenswert.
Cloud 9: Leofóros Athinón 30. Moderne Diskothek unmittelbar an der Uferpromenade.
Savino Cocktail Bar: Odós Watkins 11, Laikí Geitoniá. Bar mit langem Tresen im restaurierten Altstadtviertel. Wirt Ángelos legt bevorzugt Blues, Jazz und ältere Rockmusik auf.
... außerhalb
Al Halili: Am Salzsee bei der Hala Sultan Tekke. Kitsch as Kitsch can – eine große Freilufttaverne ganz nach arabischem Geschmack mit viel Wasser, Brunnen und unzähligen Gipsstatuen. Das Essen ist nur durchschnittlich, aber die Lage macht das wett. Abends oft griechische Live-Musik.

Stadtbusse: Linie 19 der P.E.A.L. fährt bis zu 14 x tgl. von der Lázaros-Kirche über Meneoú und Kíti nach Tersefánou. Busse nach Perivólia und Fáros 4 x tgl. ebenfalls ab Platía Lázarou.

Fernbusse: Nach Agía Nápa ab Marina Mo–Sa 10 x tgl., Juni–Aug. auch So 4 x tgl. Nach Léfkara Mo–Sa 13 Uhr (Dorfbus ab Platía Lázarou). Nach Limassol Mo–Sa mindestens 7 x tgl. ab Marina (Jachthafen) und ab Uferpromenade gegenüber vom Hotel Four Lanterns. Nach Nicosia ab Hotel Four Lanterns Mo–Fr 7 x tgl., Sa 4 x tgl. Nach Paralímni-Protarás ab Marina Mo–Sa bis zu 8 x tgl.

Léfkara

Lage: G 7/8
Vorwahl: 04

Léfkara besteht aus zwei Ortsteilen, Káto und Páno Léfkara auf 500 bzw. 600 m Höhe gelegen. Páno Léfkara ist schon seit venezianischer Zeit das zypriotische Zentrum für Silberfiligranarbeiten und vor allem für Hohlsaumstickereien. Früher reisten die Männer des Dorfes durch ganz Europa, um die Waren zu verkaufen; heute kommen die Käufer als Touristen massenweise selbst. Da viele ein Schnäppchen machen wollen, wird ihnen zu Billigpreisen Fernostware vorgesetzt, während die echten *Lefkarítiki* weiterhin teuer und kostbar bleiben.

Stickerei- und Juweliermuseum: Patsálos Residence, Páno Léfkara, Mo–Sa 10–16 Uhr, Eintritt 75 c.

Ágios Minás-Kloster: 5 km südwestlich, tagsüber frei zugänglich, aber Sa und So sind keine Gruppenbesuche gestattet. Im Hochsommer 12–15 Uhr geschlossen.
Das große Nonnenkloster in dem von Hügeln umschlossenen Tal be-

Stich für Stich wird ein Kunstwerk daraus: im Stickereidorf Léfkara

geistert durch seinen blütenreichen Innenhof und viele neue Ikonen in der 1740 erbauten Kirche. Sie sind das Werk einer Nonne, der man vormittags häufig beim Ikonenmalen zuschauen kann.

Lefkaráma: Páno Léfkara, an der Hauptgasse, Tel. und Fax 34 20 00, günstig. Familiäre Pension nahe der Kirche, 10 Zimmer, eigenes Restaurant.
Agorá: Páno Léfkara, an der Hauptgasse, Tel. 34 29 01, Fax 34 29 05, moderat. Modernes Hotel mit 18 Zimmern, schöner Innenhof.

Lemon Tree: Páno Léfkara, an der Hauptgasse. Einfache Taverne mit schönem Garten hinterm Haus.

Lémpa

Lage: A 8
Vorwahl: 06

Lémpa gilt als das Künstlerdorf im Bezirk Páfos. Man kann es von den Hotels an der Küste westlich von Páfos auch gut auf einem Spaziergang erreichen.

Bronzezeitliche Siedlung Lémpa Experimental Village: Links der schmalen Asphaltstraße, die von der Küstenstraße nach Lémpa hinaufführt, tagsüber frei zugänglich. Schottische Archäologen haben die Spuren einer bronzezeitlichen Siedlung freigelegt und fünf zum Teil farbig bemalte Hütten rekonstruiert, in die man sogar hineingehen kann. Hier erlebt man anschaulich, wie Menschen vor 4500–5500 Jahren lebten.
Cyprus College of Art: Am oberen Ende der Dorfstraße. Im Garten dieser Bildhauerschule stehen zahlreiche skurrile Skulpturen des zypriotischen Künstlers Stass Paráskos, der hier auch Kurse für ein internationales Publikum gibt. Gelegentlich finden im Schulgebäude Ausstellungen der Werke der Kursteilnehmer statt.

Lémpa Pottery: An der Straße zur Küste nahe dem Dorfplatz. Mo–Fr 8–13, 14.30–18, Sa 9–13 Uhr.

Töpferei, in der Geórgios und Soteroúlla Georgiádes überwiegend moderne Keramik herstellen.

Limassol (Lemesós)

Lage: E/F 9
Vorwahl: 05
Einwohner: 146 200

Während Nicosia eher eine relativ ruhige Beamtenstadt ist, brodelt in Limassol, Zyperns bedeutendster Hafenstadt, das Leben. Als Urlauber mag man das Häusermeer mit seinen phantasielosen Betonbauten abschreckend finden, für die Zyprioten aber ist es Beweis der wirtschaftlichen Leistungskraft der Insel. Für Ruhesuchende ist Zyperns zweitgrößte Stadt ungeeignet. Dafür bietet sie Highlife und liegt äußerst zentral. Fast jeden Ort im Süden erreicht man per Auto in weniger als zwei Stunden. In den Vororten östlich des Zentrums – Germasógeia (Yermasóyia) und Amathoús – wird es ruhiger, dort stehen viele Luxusherbergen zwischen künstlich aufgeschüttetem Strand und der Hauptverkehrsstraße.

Burg und Mittelalterliches Museum: Am alten Hafen, Mo–Fr 7.30–17, Sa 9–17 Uhr, Eintritt CL 1.
Die aus dem 13. Jh. stammende und von den Türken später veränderte Burg besitzt schöne gotische Gewölbe. Die sehr sehenswerte Ausstellung des Cyprus Mediaeval Museum präsentiert u. a. mittelalterliche Keramik und Münzen sowie byzantinische Silberteller aus dem 7. Jh.
KEO-Weinkellerei und Brauerei: Leofóros Frangklínou Roúsvelt 1, Führungen mit Weinprobe Mo–Fr 10 Uhr.
Kurios: Neben Weinflaschen stehen hier bei der Weinprobe auch Bierflaschen auf den Tischen – schließlich produziert man beides!
Museen
Archäologisches Museum:
Odós Kaníngos, Mo–Fr 7.30–17, Sa 9–17, So 10–13 Uhr, Eintritt 75 c.

Moped statt Esel: In den Städten sind knatternde Zweiräder das beliebteste Fortbewegungsmittel

Das kleine Museum birgt unter anderem einige ägyptischen Einfluß verratende Hathor-Kapitelle aus dem 5. Jh. v. Chr. und mehrere Terrakotten mit Alltagsszenen wie einen Menschen in der Badewanne.

Volkskunst-Museum:
Odós Agíou Andréou 253,
Mo–Fr 8.30–13.30 Uhr, Mo–Mi und Fr auch 15–17.30 Uhr (Juni–Sept. 16–18.30 Uhr), Eintritt 30 c.
Das Folk Art Museum zeigt in sechs Räumen Trachten, Schmuck und kunsthandwerkliche Arbeiten.

Hotelstrände: Die zumeist künstlich aufgeschütteten Sandstrände vor den Badehotels in Amathoús und Germasógeia sind schmal, aber gepflegt und bieten viel Wassersport. Man sonnt sich meist auf Liegewiesen zwischen Hotel und Meer.

Lady's Mile Beach: Kilometerlanger Sandstrand auf der Halbinsel Akrotíri, 5 km südwestlich des Stadtzentrums, nicht per Linienbus zu erreichen.

Amathoús: 10 km östlich vom Zentrum an der Küstenstraße. Viele Steine der antiken Hafenstadt wurden beim Bau des Suezkanals nach Ägypten verschifft, doch haben die Archäologen mit der Rekonstruktion des großen Aphrodite-Tempels begonnen. Auch in der Unterstadt wurden an der Agora einige Säulen wiederaufgestellt.

Ágios Geórgios Alamános: 25 km östlich, Autobahnausfahrt 18. Tagsüber frei zugänglich.
Das 1880 gegründete Kloster wird noch von etwa 40 Nonnen bewohnt. Etwa 1,5 km unterhalb des Klosters kann man sich in einer kleinen Bucht auf glattgeschliffenen, weißen Felsschollen sonnen, die von der Meeresbrandung unterspült werden. Dort steht auch eine Taverne.

Kolóssi: s. S. 42.

C.T.O.: Leofóros Spýrou Araoúzou 15 (Uferpromenade), Tel. 36 27 56.
In Germasógeia: Leofóros Georgíou A' 35 (gegenüber dem C.T.O.-Strand Dasoúdi Beach), Tel. 32 32 11.

Ikaros Guesthouse: Odós Eleftherías 61,
Tel. 35 43 48, günstig.
Sehr einfache Pension mit schönem Innenhof. 10 Zimmer mit Etagenduschen.

Aquamarina: Leofóros Spýrou Araoúzou 139, Tel. 37 42 77,
Fax 37 40 86, teuer.
Modernes Stadthotel mit 70 Zimmern direkt an der Uferstraße. Die Zimmer mit den Endziffern 2 bis 4 bieten einen tollen Blick über die auf Reede liegenden Schiffe. Dachgarten mit Pool.

Curium Palace: Odós Výronos 2,
Tel. 36 31 21, Fax 35 92 93,
Luxus.
Traditionsreiches Stadthotel mit 63 Zimmern nahe dem Archäologischen Museum. Beheizbarer Pool im Garten; ruhig gelegen.

Kavourína: Leofóros F. Roúsvelt (Seitenstraße beim Supermarkt Vavtsinótis). Moderne Fischtaverne, in der fast nur Einheimische verkehren. Üppiges Fisch-Mesé, aber auch sehr gute Fischsuppen.

Ladas Old Harbour: Am alten Hafen nahe der Burg, Mo–Sa 12–24 Uhr.
Ältestes Fischrestaurant der Stadt in einem restaurierten Johannisbrotlager aus dem Jahr 1823.

Cyprus Handicraft Service: Odós Themidoú 25. Staatliches Kunsthandwerksgeschäft in der Altstadt. Kleine Auswahl, doch ehrliche Preise.

Markthalle: Odós Kanári. Die größte und interessanteste Markthalle Zyperns. Hier kann man außer Fisch und Fleisch, Obst, Käse und Gemüse auch schöne, handgearbeitete Körbe preiswert erstehen. Des bunten Volkstreibens wegen lohnt sich ein Besuch auch dann, wenn man gar nichts einkaufen will.

Tásos Sawídes: Odós Enoséos 5, Mo–Fr 8–12.30, 15–18 Uhr. Ikonenmaler schräg gegenüber der Kirche Katholikí. Wenige Ikonen vorrätig; meist malt er auf Bestellung.

Edó Lemesós: Odós Irínis 111, tgl. ab 19.30 Uhr, Tel. 35 33 78 und 36 79 81. In dieser Musiktaverne am Rande des alten Türkenviertels sitzt man in den Zimmern einer alten Villa und genießt ein üppiges Mesé. Musiker ziehen von Tisch zu Tisch

und spielen griechische und zypriotische Lieder. Reservierung dringend anzuraten.
Klíma: An der Küstenstraße in Germasógeia, tgl. außer So.
Touristentaverne im Hotelviertel, jeden Abend Folklore-Show mit Möglichkeit zum Mittanzen.
Megaró: Odós Ángyras (Ankara Street), tgl. ab 18 Uhr.
Urige Altstadt-Taverne, griechische Live-Musik mit Synthesizer ab 20 Uhr. Besonders lobenswert die guten Saucen zum frischen (und teuren) Fisch. Kellner Evángelos singt spät am Abend gern selbst.
Vasilikós: Odós Ágiou Andréou 239, Mo–Sa ab 20 Uhr, Tel. 37 59 72.
Musiktaverne in der ersten Etage eines Altstadthauses. Man ißt Mesé. Reservierung empfehlenswert.

Weinfestival: Vom ersten bis zum zweiten Septemberwochenende jeden Abend im Stadtpark. Die Eintrittskarte berechtigt zu unbegrenztem Weinkonsum bei Folklore-Shows und Musikveranstaltungen.

Stadtbusse: Fahrplan der E.A.L.-Busse bei der C.T.O. und am Bushof an der Markthalle erhältlich.
Wichtige Linien: Linie 1 zum Neuen Hafen. Linie 6 entlang der Küstenstraße in östlicher Richtung nach Amathoús und zum Hotel Le Meridien. Linie 13 entlang der Küstenstraße in östliche Richtung bis zum Hotel Park Beach. Linie 16/17 nach Kolóssi. Linie 30 vom Hotel Le Meridien entlang der Küstenstraße zur KEO-Weinkellerei und zum Neuen Hafen.
Busse nach Koúrion: ab Burg tgl. 9, 10, 11, 12 und 13 Uhr, zurück 11.50 und 13.50 Uhr.
Fernbusse: Nach Agrós, Kalopanagiótis, Páno Plátres und Tróodos Mo–Sa 1 x tgl. mittags, Abfahrt an der katholischen Kirche.

Gastfreundschaft zählt viel: In den Dörfern im Tróodos-Gebirge wird man oft sehr herzlich empfangen

Nach Lárnaka, Nicosia und Páfos Mo–Sa mehrmals tgl., verschiedene Abfahrtsorte, genaue Information beim C.T.O.-Büro.

Machairás-Kloster

Lage: F 7

Das in 800 m Höhe in völliger Waldeinsamkeit gelegene Mönchskloster Panagía toú Machairás ist nur über eine extrem kurvenreiche, schmale Straße zu erreichen. Zwar sind die Mönche längst nicht so auf Besucher eingestellt wie im Kýkko-Kloster (und Reisegruppen sieht man höchst ungern), doch lohnt die Fahrt allein schon wegen des Landschaftserlebnisses.

Kloster: Tgl. von ca. 8–17 Uhr. Das 1172 gegründete Kloster wurde nach einem Brand 1892 neu erbaut; die Kirche erst Ende der 80er Jahre vollständig ausgemalt. Eine Klosterzelle erinnert an den Freiheitshelden Grigóris Afchendíou, der im März 1958 von den Briten in einer Höhle 20 Gehminuten vom Kloster entfernt getötet wurde. Die Höhle kann besichtigt werden; unmittelbar neben dem Kloster wurde ihm ein monumentales Denkmal errichtet.

Nicosia (Lefkosía)

Lage: G/H 5
Vorwahl: 02
Einwohner: 188 800
Extra-Tour 5: s. S. 92

Die letzte geteilte Hauptstadt der Welt liegt im Zentrum der flachen Mesaória-Ebene. Den Stadtkern bildet die Altstadt, die noch immer von ihrem fast 5 km langen, venezianischen Mauerring mit 11 Bastionen und Wallgraben umgeben ist. Mitten durch diese Altstadt verläuft die ›Green Line‹, die Demarkationslinie zwischen dem südlichen und dem türkisch besetzten Teil. Rings um die Altstadt herum ist das neue Nicosia entstanden. Der griechische Teil wird durch zahllose Hochhäuser geprägt, der türkische Teil wirkt sehr viel bescheidener.

Die Neustadt bietet außer dem Zypern-Museum keine Sehenswürdigkeiten; man kann sich also auf die Erkundung der Altstadt beschränken. Haupteinkaufsstraßen und Flaniermeilen sind hier die Fußgängern vorbehaltenen Straßen Lédra und Onasagórou; touristisches Zentrum am Tag und abends sind die Laikí Geitoniá und die Odós Rigaínis (Regaena Street), die ›Reeperbahn‹ Zyperns. Es lohnt sich, Nicosia nicht nur einen Tagesbesuch abzustatten, sondern auch über Nacht zu bleiben – abends ist keine Stadt Zyperns untouristischer als die Metropole.

Sightseeing

Laikí Geitoniá: Zwischen Odós Solónou/Aischyloú/ Ippokrátous/Fylokýprou.
Von der Stadtverwaltung phantasievoll restauriertes Altstadtviertel mit engen Gassen, schönen Häusern, vielen Läden und Tavernen (Aussprache: La-ikí Jitonjá).
Freiheitsdenkmal: Leofóros Nikifórou Fóka, ständig frei zugänglich.
Das 1970 auf der Podocataro-Bastion der Stadtmauer errichtete Denkmal betont anschaulich, daß am Freiheitskampf gegen die britische Herrschaft Zyprioten aus

allen Gesellschaftsschichten teilnahmen.

Haus des Chatzigeorgákis Kornésios: Odós Patriárchou Grigoríou, Mo–Fr 8–14, Sa 9–13 Uhr, Eintritt 75 c.
Das stattliche Haus aus dem späten 18. Jh. gehörte einem Christen, der in seinem Amt als Dragoman dafür zuständig war, von seinen Glaubensgenossen die Steuern für den Sultan einzutreiben. Eindrucksvoll sind der dreiseitig von Arkaden umschlossene Innenhof und der im türkischen Stil des 18. Jh. eingerichtete Salon.

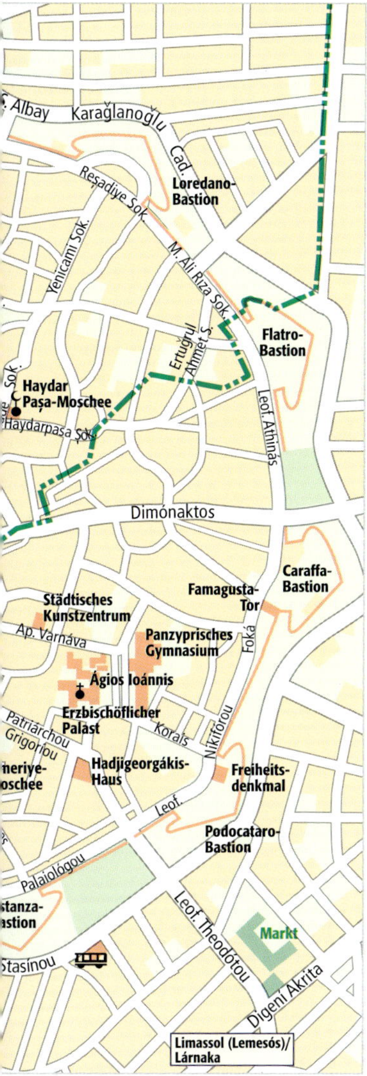

Erzbischöflicher Palast: Platía Archiepískopou Kyprianoú, nur von außen zu betrachten.
Der monumentalste Bau in der Inselhauptstadt ist der 1960 fertiggestellte Palast, in den Erzbischof Makarios III. als erster Hausherr einzog. Sein Denkmal vor der Hauptfront zeigt ihn in vollem Ornat. In der Linken hält er ein Zepter: Zyperns Erzbischöfe sind die einzigen in der Orthodoxie, die statt des Bischofsstabes dieses Insignium kaiserlicher Herrschaft tragen dürfen.

Kathedrale Ágios Ioánnis:
Platía Archiepískopou Kyprianoú, Mo–Sa 8–12, 14–16 Uhr, Eintritt frei.
Die orthodoxe Kathedrale ist ein unscheinbarer, überraschend kleiner Bau. Innen jedoch ist die 1665 errichtete Kirche vollständig mit figurenreichen Fresken aus dem frühen 18. Jh. ausgemalt. Zu den eher seltenen Themen gehört eine Darstellung der sieben ersten Konzilien. Sehr bewegt wird Jesu Kreuzigung geschildert.

Famagusta-Tor: Leof. Athinás, Mo–Fr 10–13, 16–19, im August 17–20 Uhr, Eintritt frei.
Das einzige vollständig erhaltene Tor in der venezianischen Stadtmauer, 1557–1570 erbaut. Heute wird der 35 m lange Gewölbegang für wechselnde Kunst- und Fotoausstellungen genutzt.

Omeriye-Moschee: Odós Trikoúpis/Platía Tyllírias, Mo–Sa 10–12.30, 13.30–15.30 Uhr, Spende erbeten.
Die von syrischen Moslems verwaltete Moschee war ursprünglich eine gotische Augustinerkirche. Nach Ablegen der Schuhe kann man sie betreten und entweder aufs Dach oder (falls wieder geöffnet) aufs Minarett steigen.

Arablar-Moschee: Odós Lefkónos, keine Innenbesichtigung.
Ursprünglich als Kirche Stavrós tou Misiríkou errichtet, wurde das christliche Gotteshaus nach 1570 durch Anfügung eines Minaretts in eine Moschee verwandelt.

Maronitische Kathedrale: Odós Faviérou, wenn geschlossen, im

Büro des maronitischen Bischofs in einem Anbau fragen.

Die moderne Kathedrale der Maroniten Zyperns zeigt deutlich, daß diese Konfession mit der römisch-katholischen Kirche uniert ist. Anders als in orthodoxen Kirchen findet man hier Weihwasserbecken, Beichtstühle und Skulpturen.

Türkisch-zypriotische Altstadt: Übergang am ehem. Hotel Ledra Palace, zu Formalitäten s. S. 92.

Entlang der Stadtmauer kommt man zum **Girne-Tor** mit der Touristeninformation; gleich links in der Altstadt steht der **Mevlevi Tekke**, ein Kloster der Tanzenden Derwische, in dem türkische Volkskunst ausgestellt ist. Über die Girne Caddesi zum Atatürk Meydanı mit dem **Hotel Saray** (vom Dachterrassen-Café schöner Panoramablick!); dann nach links zur **Selimiye-Moschee**, der im gotischen Stil erbauten früheren Sophienkathedrale. Buntes Handelstreiben machen den Charme der **Markthalle** und des **Kumarcılar Han** nahebei aus (Achtung: Souvenirmitnahme nicht gestattet). Vorbei am **Büyük Hamam**, einem türkischen Bad mit dem gotischen Portal einer früheren Kirche, geht es zur **Arab Ahmet-Moschee**, dem schönsten islamischen Bethaus Zyperns, und zurück zum Übergang.

Museen

Byzantinisches Museum: Platía Archiepískopou Kyprianoú, Mo–Fr 9–16.30, Sa 9–13 Uhr, Eintritt CL 1.

In einem Anbau an den alten Erzbischöflichen Palast werden weit über 100 der schönsten und wertvollsten Ikonen Zyperns präsentiert. Die älteste, Nummer 1 in der vorderen rechten Ecke des ersten Saals, wird ins 8./9. Jh. datiert. Im zweiten Saal sind sechs einzigartige Mosaiken aus dem 5. Jh. zu sehen, die einen langen Weg hinter sich haben: Sie wurden im besetzten Teil gestohlen, tauchten im amerikanischen Kunsthandel wieder auf und mußten nach Gerichtsbeschluß an die Kirche Zyperns zurückgegeben werden.

Cyprus Jewellers Museum: Odós Praxíppou 7–9, Laikí Geitoniá, Mo–Fr 10–16.30 Uhr, Eintritt frei.

Die kleine Dauerausstellung zeigt alten Schmuck, zypriotisches Tafelsilber und traditionelle Werkzeuge der Juweliere.

Leventis Museum: Odós Ippókratous, Laikí Geitoniá, Di–So 10–16.30 Uhr, Eintritt frei.

Das moderne Museum erzählt anschaulich die Geschichte der Stadt Nicosia.

Museum des Nationalen Kampfes: Platía Archiepískopou Kyprianoú, Öffnungszeiten bei Drucklegung noch nicht bekannt.

Der von den Einheimischen auch EOKA-Museum genannte Neubau ist Ausstellung und Gedenkstätte zugleich. Neben Dokumenten und Fotos aus der Zeit zwischen 1955 und 1960 sieht man den Nachbau der Galgenkammer, in der die Briten 17 Widerstandskämpfer hängten. Kindern ist der Besuch nicht unbedingt zuzumuten.

Städtisches Kunstzentrum (Nicosia Municipal Arts Centre): Odós Apóstolou Varnáva 19, Di–Sa 10–15, 17–23, So 10–16 Uhr, Eintritt frei.

Im alten Elektrizitätswerk von Nicosia finden heute wechselnde Ausstellungen zeitgenössischer zypriotischer Künstler statt.

Volkskunst-Museum (Folk Art Museum): Platía Archiepískopou Kyprianoú, Mo–Fr 9–17, Sa 10–13 Uhr, Eintritt CL 1.

Im alten Erzbischöflichen Palast, der erst 1960 durch den Neubau

Im Innern prachtvoll ausgestattet: die Kathedrale Ágios Ioánnis

gleich nebenan abgelöst wurde, ist eine umfangreiche volkskundliche Sammlung untergebracht. Man sieht viele Stickereien, Webarbeiten und Trachten, Möbel und landwirtschaftliche Geräte sowie Gemälde zypriotischer Maler, die alte Volksbräuche schildern.

Zypern-Museum (Cyprus Museum): Odós Mousíou 1, Mo–Sa 9–17, So 10–13 Uhr, Eintritt CL 1.50, Zeitbedarf mindestens 1–2 Stunden.

Das 1908–1924 in klassizistischem Stil errichtete Museum birgt die größten Schätze aus der zypriotischen Geschichte. Die Sammlungen sind teils chronologisch, teils thematisch aufgebaut. Die beiden ersten Säle widmen sich den Epochen vom Neolithikum bis zur Bronzezeit. Saal 3 präsentiert als herausragende Einzelstücke einen 28 cm hohen, konischen Fayence-Rhyton aus dem 13. Jh. v. Chr. aus graublauem Email mit Menschen- und Tierdarstellungen sowie eine Weinkanne aus dem 7. Jh. v. Chr. mit dem Bild eines Vogels, der einen Fisch im Schnabel trägt.

Der kleine Saal 4 überrascht mit einer Anhäufung von Terrakottafiguren von Menschen und Tieren, teils lebensgroß, teils nur 10 cm hoch. Sie stammen aus der Zeit zwischen 625 und 500 v. Chr. und wurden im Heiligtum bei Agía Iríni im Norden Zyperns gefunden.

Saal 5 und 6 widmen sich der Entwicklung der zypriotischen Bildhauerkunst von der archaischen bis zur römischen Zeit. Berühmt, aber nicht unbedingt schön ist die Aphrodite von Sóli (1. Jh. v. Chr., hinten in Saal 5). Höhepunkte in Saal 7 sind die Bronzeskulpturen eines gehörnten Gottes, der auf einem Kupferbarren in Form einer gespannten Ochsenhaut steht, eine kleine bronzene Kuh und ein Mosaik aus Alt-Páfos, das Leda mit dem Schwan zeigt. An der rechten Seitenwand führen Treppen hinunter in ein dunkles Gewölbe mit der Darstellung antiker Bestattungssitten.

Saal 11 darüber verwahrt die schönsten Funde aus den Königsgräbern von Sálamis, Saal 12 ist der Kupferverarbeitung gewidmet. In Saal 13 sind noch einmal römische Großplastiken versammelt, in Saal 14 sieht man brettförmige Idole aus der frühen Bronzezeit und hellenistisch-römische Terrakotten, die Mütter und Hebammen während des Geburtsvorgangs darstellen.

Ausflüge lohnen nach Asinou, Peristeróna, Politikó und zum Machairás-Kloster; in Nicosia beginnt auch die **Extra-Tour 5** in den Inselnorden, s. S. 92.

Adressen und Tips

C.T.O.: Odós Aristokýprou 35, Laikí Geitoniá, Tel. 44 42 64.

Tony B & B: Odós Solónos 13, Tel. 46 67 52, günstig.
Einfache, aber nett geführte Pension am Rand der Laikí Geitoniá.

Rími: Odós Solónos 5, Tel. 46 31 53, Fax 45 28 16, moderat.
1997 eröffnetes Hotel in einem historischen Haus direkt in der Laikí Geitoniá, 26 Zimmer.

Venetian Walls: Odós Ouzounian 38, Tel. 45 08 05, Fax 47 33 37, moderat.
Älteres, zentral auf der Stadtmauer gelegenes Hotel mit 48 Zimmern.

Classic: Odós Rigaínis (Regaena Street) 94, Tel. 46 40 06, Fax 36 00 72, teuer.
Geschmackvoll eingerichtetes Hotel auf der Stadtmauer nahe dem Páfos-Tor, 57 Zimmer.

Holiday Inn: Odós Rigaínis 70, Tel. 47 51 31, Fax 47 33 37, Luxus.
Bestes Hotel in der Altstadt, sehr zentral auf der Stadtmauer gelegen. Barmann Apóstolis kredenzt den besten Brandy Sour Zyperns. Fitness- und Health-Centre, japanisches Restaurant und Musikcafé ›Opera‹.

Youth Hostel: Odós Chatzidáki 5, Tel. 44 48 08 und 44 20 27.
Jugendherberge in der Neustadt Nicosias.

Berlin No. 2: Odós Faneroménis. Snackbar mit Tischen und Stühlen direkt an der Mauer, die Nicosia teilt.

Kapetánios: Odós Rigaínis 76 E, tgl. ab 22 Uhr.
Kleine Suppenkneipe neben dem Hotel Holiday Inn, in der sich Nachtschwärmer und -arbeiter aller Couleur stärken oder ausnüchtern. Besonders dienlich dafür sind die säuerliche Kuttelsuppe *Patsiá* und die vitaminreiche Gemüsesuppe *Chortósoupa*.

Mathéos: Odós Léfkonos 6, Mo–Sa 11–17 Uhr.

Einfache Tagestaverne in der Altstadt nahe der Faneroméni-Kirche. Große Auswahl an gekochten Gerichten.

Aladdin's Cave – The Cyprus Bazaar: Im Viertel Laikí Geitoniá. Skurrile Anhäufung von Tand, Souvenirs, Kunsthandwerk und Antiquitäten in einem großen Kellergeschäft.
Anemi Gallery: Odós Korais 13. Trödel und Antiquitäten am Freiheitsdenkmal.
Chrysaliniótissa Crafts Centre: Odós Dimónaktos 2, Mo–Sa 10–13, Mo–Fr auch 15–18 Uhr (Mai–Sept. 16.30–19.30 Uhr). Kunsthandwerkszentrum in der Altstadt mit sechs Verkaufsateliers und einem sehr ursprünglichen Kafeníon. Angeboten werden u. a. Glas, Schmuck, Kräuter. Holzschnitzereien und Gemälde.
Cyprus Handicraft Centre: Leofóros Athalássis (nahe der Autobahnauffahrt, dort ausgeschildert), Mo–Fr 7.30–14.30 Uhr, Do außer Juli/Aug. auch 15–18 Uhr. Staatliches Kunsthandwerkszentrum, wo man nicht nur Souvenirs kaufen, sondern auch Handwerkern bei der Arbeit zuschauen kann.
Léfkara Lace: Odós Aristokýprou 8, Laikí Geitoniá. Die Inhaber Andréas und Eléni Stylianoú stammen selbst aus dem Stickereidorf Léfkara, ihre Produkte beziehen sie fast ausschließlich aus eigener Familienproduktion.
MAM: Odós Aristokýprou 13, Laikí Geitoniá. Eine von einem Kulturverein getragene Buchhandlung, die fast jedes weltweit über Zypern erschienene Buch führt. Außerdem historische Postkarten und zypriotische Volksmusik.
Markthalle: Odós Dimarchías. In der Städtischen Markthalle geht es recht ruhig zu. Ein Besuch lohnt nur bei viel Zeit; dann kann man hier gut Nüsse, eingelegte Früchte, Käse und Körbe kaufen.

Symbol für zypriotischen Nationalismus und die Tragödie Zyperns: das Denkmal für Erzbischof Makarios in Nicosia

Zur Weinverkostung im Bergdorf Ómodos

Wochenmarkt: Jeden Mittwochmorgen vor der Bayraktar-Moschee auf der Costanza-Bastion.

Bastione: Leofóros Athinás, tgl. ab 19.30 Uhr.
Yuppie-Treff in coolem Ambiente auf der Stadtmauer beim Famagusta-Tor.
Tzellári: Odós Koraís 25, tgl. ab 21 Uhr.
Wie ein Pub wirkendes, kleines *Bouat* (Bouzoukia ohne Verzehrzwang) in altem Gewölbe. Zwei Musiker spielen ab 21.45 Uhr Songs griechischer Liedermacher.
Xefóto: Odós Aischylоú 6, tgl. ab 9 Uhr, Live-Musik ab ca. 20.45 Uhr.
Taverne in der Laikí Geitoniá, in der griechische Unterhaltungsmusik auf hohem Niveau präsentiert wird. Oft tanzen Gäste dazu, Wirt Andréas geht gern auf die Piste. Sein Chefkellner Panajótis sorgt derweil für exzellenten Service.

Théatro Ena: Leof. Athinás 4. Ein kleines, privates Theater mit zwei Bühnen, an dem überwiegend moderne griechische und zypriotische Stücke gespielt werden.

Olymp

Lage: D 7
Extra-Tour 4: s. S. 90

Auf den höchsten Berg Zyperns kann man mit dem Auto hinauffahren. Das lohnt vor allem der Aussicht wegen, die von hier aus bei klarer Sicht bis zur Bucht von Mórfou, dem Kyrenia-Gebirge, Nicosia und dem Kýkko-Kloster reicht.

Ómodos

Lage: D 8
Vorwahl: 05
Extra-Tour 1: s. S. 85

Das vielleicht schönste Dorf Zyperns mit vielen alten Häusern aus Naturstein, einem idyllischen Dorfplatz, einem schönen Kloster und einigen interessanten Kunsthandwerksläden liegt auf 750 m Höhe inmitten von Weingärten.

Tímios Stavrós-Kloster: Am unteren Ende des Dorfplatzes, tagsüber frei zugänglich.
Das heute nicht mehr bewohnte Kloster Moni Tímiou Stavroú wurde bereits 327 gegründet; seine schönen Natursteingebäude jedoch stammen aus dem frühen 19. Jh. Als größter Schatz werden in der Klosterkirche Splitter vom Kreuz Christi (rechts an der Ikonostase) und die Schädelreliquie des Apostels Philipp (in einem ver-

glasten Safe) verwahrt. Bemerkenswert sind auch die geschnitzten Holzdecken im oberen Umgang des Kreuzgangs und im (meist verschlossenen) Synodensaal.

Línos-Haus: An der unteren Dorfgasse, am Platz ausgeschildert, tagsüber frei zugänglich.
In einem großen Natursteinhaus steht, gut restauriert, die größte und älteste erhaltene Weinpresse Zyperns.

Olympus Wineries: Etwas außerhalb des Dorfes an der alten Straße nach Páno Plátres, Mo–Fr 10–16 Uhr, Eintritt frei.
Moderne Weinkellerei. Auf die Besichtigung folgt eine Weinprobe.

Koiláni: 14 km östlich. Das nahezu autofreie Weinbauerndorf lädt zum Bummeln ein. Dabei kommt man an der alten Moschee vorbei, kann neben der Kirche ein winziges Byzantinisches Museum besichtigen und anschließend in einem der traditionellen Kaffeehäuser den Wein aus der Dorfkellerei verkosten.

Panícos Tavern: Am Dorfplatz, Tel. 42 23 89 und 42 17 68, günstig und moderat.
Der Wirt der Taverne vermietet treuhänderisch für deren Eigentümer zahlreiche Häuser und Apartments im Dorf.

Katoi Wine Cellar: An der oberen Dorfgasse, tgl. ab 10 Uhr.
Stimmungsvolles, kleines Restaurant; tagsüber kann man an Weinproben teilnehmen und abends bei Kerzenlicht speisen.

Kókos Tavern: Neben dem Kloster, tgl. ab 12 Uhr.
Kleine Taverne, die hauptsächlich Grillgerichte bietet.

Stained Glass Studio: Verkaufsatelier einer Zypriotin, die Souvenirs aus Tiffany-Glas herstellt und z. B. die Fenster der Klosterkirche gefertigt hat.

Páfos

Lage: A/B 8
Vorwahl: 06
Einwohner: 35 300
Extra-Tour 1: s. S. 85
Extra-Tour 3: s. S. 88

Das Páfos der Urlauber liegt am Meer: eine moderne Hotelstadt, in die nur wenige alte Häuser aus vortouristischen Zeiten eingestreut sind. Mittelpunkt ist der kleine Hafen, der schon in hellenistischer Zeit die Keimzelle der Stadt war, die Nikokles, der letzte unabhängige Priesterkönig von Páfos,

Abends werden in den großen Hotels von Páfos allerhand Show-Einlagen geboten

312 v. Chr. gründete. Er nannte sie Néa Páfos, also Neu-Páfos. Die alte Hauptstadt beim heutigen Dorf Koúklia hieß fortan Palaiá Páfos, Alt-Páfos (s. S. 42). Néa Páfos war in römischer Zeit Hauptstadt der gesamten Insel. Was die Archäologen aus jener Zeit freilegten, macht die Stadt heute zu einer Art großem Freilichtmuseum.

Das Páfos der Einheimischen ist seit der Zeit der Türkenherrschaft die etwa 2 km vom Meer entfernte Oberstadt Ktíma. Im alten Türkenviertel tragen die Gassen noch türkische Namen, doch die Moschee, der Hamam und viele Häuser stehen leer. Voller Leben sind weiterhin die vielen klassizistischen Gebäude aus der britischen Kolonialzeit. Besonders reizvoll an einem Urlaub in Páfos sind die ländliche Umgebung mit Obsthainen und Bananenplantagen, das sanft ansteigende Hinterland und die zahlreichen Ausflugsziele.

Aquarium: Odós Artemídos 1, im Sommer tgl. 10–21, im Winter 9–18 Uhr, Eintritt CL 4.
Meeres- und Süßwasserfische in 72 Aquarien, dazu ein Bassin für Krokodile.

Hafen-Fort: Mai–Sept. tgl. 10–18 Uhr, sonst Mo–Fr 7.30–14.30, Do auch 15–18, Sa/So 9–17 Uhr, Eintritt 75 c.
Vom Dach des 1592 unter Einbeziehung einer älteren Burg erbauten türkischen Forts hat man einen schönen Blick über Hafen und Stadt aufs Hinterland.
Haus des Theseus, Haus des Aion, Haus des Orpheus, Haus des Dionysos: Mai–Sept. tgl. 7.30–19.30 Uhr, sonst Mo–Fr 7.30–17, Sa/So 9–17 Uhr, Eintritt CL 1,50.
Ein Besuch des Ausgrabungsgeländes nahe dem Hafen ist wie ein Spaziergang durch ein Bilderbuch der antiken Mythologie. Erst 1962 entdeckte ein pflügender Bauer zufällig die ersten farbigen Steinchen. Weil das römische Mosaik den Weingott Dionysos zeigte, benannte man die Villa nach ihm. Später fanden die Archäologen noch weitere Villen, die jeweils nach einem der auf ihren Bodemosaiken dargestellten Heroen getauft wurden. Sie stammen alle aus dem 3. und 4. Jh. und sind vielfarbig; nur ein schwarz-graues Mosaik mit dem Meeresungeheuer Skylla wird ins späte 4. Jh. v. Chr. datiert. Auf dem Weg zu den Mosaiken passiert man übrigens die Ruinen der frühchristlichen **Basilika Limeniótissa**.
Odéon: Nahe dem Haus des Dionysos, frei zugänglich.
Unterhalb des niedrigen, aber weithin sichtbaren Leuchtturms aus britischer Zeit ist ein kleines Theater aus dem 2. Jh. in den Hang geschnitten. Die Zuschauer auf seinen ursprünglich 25 Sitzreihen erlebten wahrscheinlich vor allem Konzerte und lyrische Vorträge. Die Brachfläche gegenüber war das römische **Forum**, südlich schloß sich ein Heiligtum für den Heilgott Äskulap **(Asklípion)** an.
Saránda Kolónnes: Am Rand des Grabungsareals, frei zugänglich.
Als die aus Frankreich stammenden Lusignans Zypern 1192 zu einem fränkischen Königreich machten, erbauten sie nahe dem Hafen von Páfos unter Verwendung älterer Steine eine Festung. Besonders reizvoll anzusehen ist, wie alte Sarkophage und Säulentrommeln zur Anlage von Pferdetränken, als Türschwellen oder auch als Füllmaterial in den Mauern ›wiederverwertet‹ wurden.
Paulus-Säule: Ódós Stasándrou, nur von außen einsehbar.
Der Legende nach soll Paulus in Páfos nach seiner ersten Predigt ausgepeitscht worden sein. Die Überlieferung weiß auch, an welche Säule er dabei gebunden war. Sie steht auf dem Gelände einer großen frühchristlichen Basilika, an deren Freilegung die Archäologen noch arbeiten. Im späten 16. Jh. entstand neben ihren Überresten die orthodoxe Kreuzkuppelkirche Agía Kyriakí Chrissopolítissa, die heute von der anglikanischen Kirche genutzt wird.
Agía Solomoní: Leofóros Apóstolou Pávlou, frei zugänglich.
Antike Felsgräber gibt es viele in Páfos. Aber nur dieses hier dient noch als christliches Heiligtum. Am Ansatz der Treppen, die hinunterführen, steht Zyperns schönster Wunschbaum (s. S. 78). Stufen führen zu einem antiken Brunnen, mit dessen Wasser Kranke einst ihre Augen benetzten, um durch den Beistand der hl. Solomoní von Augenkrankheiten geheilt zu werden – heute ist die Wasserqualität so schlecht, daß man sich wohl eher eine Augenkrankheit holt.
Fábrica-Hügel: Am Rand des antiken Stadtgebietes lohnt der Hügel den Aufstieg: schöne Aussicht.

Königsgräber: Tombs of the Kings Road, Mai–Sept. tgl. 7.30–19.30 Uhr, sonst Mo–Fr 7.30–17, Sa/So 9–17 Uhr, Eintritt 75 c.
In der schönen Küstenlandschaft westlich des Hafens wurden in hellenistischer und römischer Zeit zahlreiche große Grabanlagen aus dem Fels gehauen. Könige waren hier nie bestattet, wohl aber hohe Würdenträger und reiche Familien. Zwei Gräber ahmen mit ihren aus dem Fels gehauenen Säulen bzw. Pfeilern die Peristylhöfe der Villen der Lebenden nach.
Türkenviertel: Das frühere Türkenviertel von Ktíma erstreckt sich von der Markthalle aus nach Norden und Nordwesten. Sein Zentrum bildet die **Kebir-Moschee** mit ihrem hohen Minarett. Das ehemalige **Hamam** (Bad) am Parkplatz unterhalb der Markthalle wurde kürzlich restauriert und soll bald als Museum öffnen.
Klassizistische Gebäude: Leofóros Georgíou Gríva Digéni. Von den zeitgenössischen Griechen hielten die britischen Kolonialherren wenig, von den antiken aber schwärmten sie. So erbauten sie an der Hauptstraße ihres Páfos drei wie Tempel wirkende Schulgebäude, ein **Rathaus** und eine Bibliothek im klassizistischen Stil. Nachts werden sie effektvoll angestrahlt.
Archäologisches Museum: Leofóros Georgíou Gríva Digení, Mo–Fr 7.30–17, Do auch 15–18, Sa/So 10–13 Uhr, Eintritt 75 c.
Sehenswertes kleines Museum, dessen originellstes Exponat ein römisches Wärmflaschensystem aus Ton ist. Für wirklich alle Körperteile gab es der individuellen Körperform ihres (deutlich männlichen) Besitzers angepaßte Teile.
Byzantinisches Museum: Odós Andréa Ioánnou, Juni–Sept. Mo–Fr 9–19, sonst 9–17, Sa ganzjährig 9–14 Uhr, Eintritt CL 1.
Sammlung von Ikonen aus dem 16. bis 19. Jh., liturgische Geräte und Gewänder.
Volkskundliches Museum: Odós Éxo Vrýsis 1, ganzjährig Mo–Sa 9–13, So 10–13 Uhr. Mo–Fr außerdem von Mai–Sept. 15–19, sonst 14–17 Uhr, Eintritt 50 c.
Das Ethnografical Museum zeigt zypriotische Trachten, Möbel und Stickereien.

Gute Strände fehlen im Stadtgebiet. Man badet in den Poollandschaften der Hotels oder an aufgeschütteten Hotelstränden. Alternative: mit dem Bus zur Coral Bay (s. S. 35) oder nach Geroskípou (s. S. 39).

Hochseeangeln: Dreistündige Ausfahrten werden inklusive Köder und Drinks an Bord für CL 15 im Hafen angeboten.
Windsurfen, Fallschirmsegeln, Wasserski: Die großen Hotels bieten zahlreiche Möglichkeiten.

Glasbodenboote: Mehrere Boote liegen im Hafen für Ausfahrten bereit.
Ágios Neófytos-Kloster: s. S. 32. **Émpa:** s. S. 36.
Geroskípou: s. S. 39.
Káthikas: 20 km nördlich. Das Bergdorf am Rande der Akámas-Halbinsel lohnt den Besuch insbesondere wegen der Taverne Araoúzos (tgl. 12–24 Uhr, So nur bis 16 Uhr) im Dorfzentrum. Hier werden in einem alten Haus mit schönem Innenhof viele traditionelle zypriotische Gerichte und Landwein vom Faß serviert.
Koúklia: s. S. 42. **Lémpa:** s. S. 52
Pégeia: 14 km nördlich. Das große Hangdorf hoch über der Coral Bay

Was will der denn? Pelikane sind die Maskottchen von Páfos

ist abends wegen seiner guten Tavernen ein beliebtes Ausflugsziel – übrigens auch von Zyprioten. Empfehlenswert z. B. die familiäre ›Peyia Tavern‹, die ein gutes *Mesé* zu exzellentem Landwein serviert.
Tsáda: s. S. 81.

C.T.O.: Odós Gládstonos, Tel. 23 28 41, und am Flughafen, Tel. 42 28 33.

Axiothéa: Odós Ivis Malliótou 2, Tel. 23 28 66, Fax 24 57 90, moderat.
Älteres, gepflegtes Hotel garni an einer Fußgängergasse in Ktíma, viele der 37 Zimmer mit schönem Meerblick.
Park Mansion: Odós P. Mélas 16, in Ktíma, Tel. 24 56 45, Fax 24 64 15, moderat.
Als ›Traditional House‹ eingestuftes Hotel am Rand der Oberstadt.
Kinyrás: Leofóros Makáriou 91, Tel. 24 16 04, Fax 24 21 76, teuer.
Als ›Traditional House‹ klassifiziertes, zentral in Ktíma gelegenes Hotel mit viel Atmosphäre, einer erstklassigen Küche und lauschigem Patio. Wirt Michális, ein talentierter Hobbymaler, spricht sehr gut deutsch.
Roman: Odós Agíou Lambriánou, Tel. 24 54 11, Fax 24 68 34, teuer.
Originelles Hotel, gebaut wie die Filmkulisse für einen Streifen über die alten Römer. Viel Holz und Naturstein; antikisierende Wandmalereien und Mosaike zieren die Gemeinschaftsräume.
Annabelle: Leofóros Posidónos, Tel. 23 83 33, Fax 24 55 02, Luxus.
Teuerstes und bestes Hotel der Stadt. Künstlich aufgeschütteter Strand, Garten mit Wasserfällen und tropisch anmutender Pool-Landschaft, 198 Zimmer.
Youth Hostel: Leofóros Eleftheríou Venizélou 37, Tel. 23 25 88.
Jugendherberge am Nordrand der Oberstadt.

Campingplätze an der Coral Bay (s. S. 35) und in Geroskípou (s. S. 39).

Latérna: Odós Apóllonos 2, Ecke Odós Agíou Antóniou, Di–So ab 18 Uhr.
Nüchtern eingerichtete Taverne im Hotelviertel von Káto Páfos mit gutem Mesé, vegetarischen Gerichten und süffigem Landwein.
Pelican: Káto Páfos, am Hafen. Gutes Restaurant mit großem An-

gebot an frischem Fisch und einem Pelikan als Maskottchen.
Sóli-Aépia: Odós Talaát Pasá 1, Ktíma, tgl. ab 10 Uhr.
Taverne nahe der Markthalle am Steilabfall zur Küstenebene. Schöne Aussicht mit der früheren Türkenstadt im Rücken.

Cyprus Handicraft: Leofóros Apóstolou Pávlou 64. Staatlicher Kunsthandwerksladen mit ausschließlich echt zypriotischen Erzeugnissen.
Makarios-Straße: Die Hauptgeschäftsstraße, wo die Einheimischen ihre Einkäufe erledigen.
Markthalle: Hier gibt's zypriotische Köstlichkeiten und jeden Samstagmorgen einen großen Bauernmarkt.

Demókritos: Odós Dionýsiou 1, Káto Páfos. Taverne im Hotelviertel mit allabendlicher Folklore-Show; hinterher hat man Gelegenheit zum Mittanzen.
Thessalonikiá: Odós Ikárou, Káto Páfos, Mi–Mo 0–6 Uhr.
Unterirdische Bouzoúkia in einem Neubauviertel, in das Zyprioten gehen, um zu tanzen. Standardgetränk ist eine Flasche Whisky (CL 50); es gibt aber auch Flaschenweine (CL 20) und einzelne Drinks (CL 5).
White Horse Pub: Odós Pafías Afrodítis, Káto Páfos. Ältestes Pub im Ort. Englische Atmosphäre, aber Wirt Jánnis ist Zypriote. Im Winter abends Kaminfeuer; im Sommer auch Plätze im Freien.

Markideío Theatre: Leofóros Evágora Pallikarídi, in Ktíma. Modernes Theater nahe dem Bushof, in dem außer Filmvorführungen auch Theatergastspiele und Konzerte stattfinden. Programm-Info beim C.T.O.-Büro.

Pentarás: An der Küstenstraße, 1,5 km westlich der Königsgräber, Tel. 24 41 30.
In dieser Taverne nahe dem Meer wird an jedem Freitagabend eine Folklore-Show veranstaltet, die sich auch Zyprioten gern ansehen. Platzreservierung (und Rückfrage nach Tag und Uhrzeit) empfohlen.

Stadtbusse: Linie 1 und 2: Markthalle – Grívas Avenue – Geroskípou (Sa-Nachmittag und So kein Verkehr). Linie 3: Markthalle – Lémpa – Kissónerga. Linie 4: Markthalle – Émpa – Kloster Ágios Neófytos. Linie 6: Markthalle – Lémpa – Hotel Cynthiana Beach. Linie 7: Markthalle – Lémpa – Pégeia. Linie 10: Markthalle – Königsgräber – Küstenstraße – Coral Bay (nur Mo–Sa). Linie 11: Markthalle – Poseidon Avenue (Hotelviertel) – C.T.O. Beach von Geroskípou. Linie 15: C.T.O. Beach – Hotelviertel – Küstenstraße – Coral Bay. Linie 16: Káto Páfos – Hotel Venus Beach (nur So 19.30–23.30 Uhr).
Fernbusse: Abfahrt immer am zentralen Bushof in Ktíma (Leof. Evágora Pallikarídi). Nach Limassol Mo–Sa 5–6 x tgl. Nach Nicosia Mo–Sa 1–2 x tgl. Nach Pólis Mo–Fr 10 x (Sa 6 x tgl.), 3–4 x tgl. fährt dieser Bus weiter bis Pomós.

Panagiá

Lage: C 7
Extra-Tour 1: s. S. 85

Das Weinbauerndorf in über 800 m Höhe ist der Geburtsort des Erzbischofs Makarios.

Kloster Chrysorogiátissa: Tagsüber frei zugänglich; Weinkeller nur Mo–Fr 9–12 Uhr.

Das im 12. Jh. gegründete und im 18. Jh. in seiner heutigen Form erbaute Mönchskloster 2 km außerhalb des Dorfes ist das einzige Zyperns mit eigener Weinkellerei (Verkauf im Klosterhof). Zudem betreibt der Abt im Kloster auch eine Werkstatt, in der er alte Ikonen restauriert.

Makarios Birthplace: Im Dorf ausgeschildert. Wenn geschlossen, in einem Kafeníon nachfragen. Spende erwartet.

Am meisten erstaunt die Ärmlichkeit des Elternhauses dieses modernen zypriotischen Nationalhelden. Fotos erläutern seinen Lebensweg. Er wurde hier 1913 geboren und einige Jahre später vom Vater ins Kýkko-Kloster gegeben. 1948 zum Bischof von Lárnaka gewählt, wurde er schon zwei Jahre später Erzbischof von Zypern. Ab 1960 war er dessen erster Präsident, 1977 starb er an einem Herzinfarkt.

Makarios Historical & Cultural Centre: An der Hauptstraße direkt am Makarios-Denkmal. Mi–Mo 9–13, 14–16, Sa 9–13 Uhr. Eintritt 30 c.
Ausstellung, überwiegend Fotos und Dokumente.

Oak Tree Restaurant: An der Dorfstraße gegenüber dem Makarios-Denkmal, Tel. 67 25 15, günstig.
Die Inhaberin des einfachen Restaurants vermietet auf ihrem Grundstück drei einfache Privatzimmer mit Dusche/WC – hier ist Familienanschluß garantiert!

Oniró: Am Ortseingang an der Hauptstraße, Tel. 72 24 34, Fax 72 29 29, teuer.
Modernes Hotel mit 15 Zimmern, zum Teil mit Panoramablick.

Paralímni

Lage: L 6
Vorwahl: 03

Das alte Paralímni ist ein großes Dorf abseits der Küste, das sich selbst gern als ›Hauptstadt des

Auch echte Seebären gibt es auf Zypern noch: Der Flußhafen Potamós tou Liopetríou wird in Paralímni und Agía Nápa als beliebtes Ausflugsziel gehandelt

freien Teils der Provinz Famagusta‹ bezeichnet. An der Platía, dem größten Dorfplatz Zyperns, stehen drei Kirchen, ein Aussichtsturm sowie ein kleines Freilufttheater, in dem gelegentlich Konzerte und Folklore-Veranstaltungen stattfinden. Seit den 80er Jahren wächst Paralímni nun dem Meer entgegen, wo ein locker bebautes Hotelviertel entstanden ist.

Kirchen: Am Dorfplatz, unregelmäßig geöffnet. Die größte der drei Kirchen, Ágios Geórgios geweiht, wurde in den frühen 90er Jahren innen vollständig im traditionellen byzantinischen Stil ausgemalt. Die mittlere Kirche, ebenfalls dem hl. Georg geweiht, stammt aus dem 19. Jh. Die älteste ist die Panagía-Kirche, die schon während der Frankenherrschaft zwischen dem 13. und 15. Jh. erbaut wurde.

Sandige Strandbuchten von etwa 50 bis 300 m Länge reihen sich von Paralímni bis ans südliche Ende von Protarás fast nahtlos aneinander.

Derýneia: 4 km nördlich an der Demarkationslinie zum Nordteil Zyperns, nur etwa 3 Straßenkilometer von Famagusta entfernt. Beim *Famagusta Viewpoint Tony* kommt Berliner ›Maueratmosphäre‹ auf. Von der Dachterrasse aus blickt man hinüber zur verlassenen, heute von türkischen Truppen kontrollierten Hotelstadt Varóchia (Varósha), dahinter ist die durch den Anbau zweier Minarette in eine Moschee verwandelte gotische Kathedrale in der Altstadt von Famagusta zu erkennen.

Potamós tou Liopetríou und weitere Ziele: s. S. 30.

Malάma Holiday Village: Leofóros Kennedy, Tel. 82 20 00, Fax 82 56 77, Luxus.
Architektonisch ansprechendes Feriendorf mit 80 Apartments für bis zu 5 Personen. Pool, kleines Hallenbad.

S.E.K. – The Working Man's Club: Platía Agíou Georgíou, Paralímni.
Recht preiswertes, überwiegend von Einheimischen besuchtes Restaurant mit zypriotischer und englischer Küche.

Busse: Abfahrtsort für alle Busse ist die Platía Agíou Georgíou in Paralímni. Linie R1 fährt über Protarás zum Dome Hotel in Agía Nápa. Linie R.LC fährt von Protarás und Paralímni nach Derýneia, Frénaros, Liopétri, Xylofágou, Dekéleia und Lárnaka. Linie R.NC fährt von Protarás und Paralímni tgl. um 7 Uhr nach Nicosia, Rückfahrt ab Nicosia ist aber schon um 13.30 Uhr. Für diese Fahrt sollte man das Ticket im voraus buchen (über das Hotel oder im Busbüro an der Platía in Paralímni.

Pedoulás

Lage: D 7
Vorwahl: 02

Das große Dorf am oberen Ende des fruchtbaren Maratása-Tals, dessen Häuser leider zumeist mit Wellblech gedeckt sind, ist das Zentrum des zypriotischen Kirschenanbaus. Das große weiße Kreuz hoch über dem Ort hat ein in Australien zu Wohlstand gelangter Dorfbewohner der Gottesmutter gestiftet.

Kirche Archángelos Michaíl: Im unteren Ortsbereich nahe der modernen Dorfkirche, Schlüssel im Haus unmittelbar oberhalb der Michaels-Kirche, Spende erbeten.
In der kleinen Scheunendachkirche haben sich zahlreiche Wandmalereien aus dem Jahr 1474 erhalten.

Jack's: An der Hauptstraße beim Makarios-Denkmal, Tel. 95 23 50, Fax 95 28 17, moderat.
Modernes Hotel, 20 Zimmer mit Panoramablick.
Churchill Pinewood Valley: An der Straße von Pródromos nach Pedoulás, Tel. 95 22 11, Fax 95 24 39, Luxus.
Absolut ruhig in einem Wald auf 1050 m Höhe außerhalb des Dorfes gelegenes Hotel aus den 40er Jahren, 1993 renoviert. Für einen Hauch koloniale Atmosphäre sorgen der tägliche Afternoon Tea und eine große Spielesammlung; zum Hotel gehören ein Waldschwimmbad und ein Waldspielplatz für Kinder.

Harry's Spring Water Restaurant: An der alten Straße vom Hotel Churchill Pinewood Valley ins Dorfzentrum.
Uriges Restaurant an einer Quelle mit außergewöhnlicher Auswahl, darunter auch Täubchen, Lammleber und Lammkopf.

Pétra tou Romioú

Lage: C 9

Eine imposante Steilküste im Osten, die bis nach Koúrion reicht, und ein paar große Felsbrocken im Westen, die unmittelbar vor dem

Abendstimmung über dem Dorf Pedoulás

Ufer im Wasser liegen, begrenzen die idyllische Kieselsteinbucht. An den ›Felsen der Aphrodite‹ soll die Liebesgöttin ›schaumgeboren‹ dem Wasser entstiegen sein. Wer die dem Tourimus äußerst förderliche Legende aufbrachte, weiß heute niemand mehr. Hesiod, der die Geburt der Göttin in seiner ›Theogonie‹ schildert, spricht nur ganz allgemein von Zypern.

Pétra tou Romioú: Etwa 500 m östlich der ›Felsen

der Aphrodite‹, erhöht über der Bucht gelegen, tagsüber geöffnet. Modernes Restaurant mit großer Auswahl und großer Panorama-Terrasse.

Pissoúri

Lage: C 9
Vorwahl: 05

Pissoúri ist deutlich zweigeteilt. Das eigentliche Dorf bedeckt die Hänge eines Hügels am Rand einer fruchtbaren, hauptsächlich für den Weinanbau genutzten Hochebene. Das Pissoúri der Veranstalterkataloge aber liegt davon etwa 3 km entfernt direkt am Meer. Es besteht lediglich aus einem Hotel, mehreren Apartmenthäusern, Tavernen und einem etwa 300 m langen Sand-Kiesstrand.

Victoria The Good Heart: An der Platía des Bergdorfes, Tel. 22 11 82, günstig. Privatzimmer über der gleichnamigen Snack-Bar, sehr familiär.

Bunch of Grapes Inn: Im Bergdorf Pissoúri, gut ausgeschildert, Tel. 22 12 75, Fax 22 25 10, moderat.
Eins der stimmungsvollsten Hotels auf Zypern! Die 13 einfachen Zimmer in dem etwa 100 Jahre alten Bau mitten im Dorf gruppieren sich um einen auf drei Seiten geschlossenen Innenhof mit Maulbeerbäumen, Feigen, Palmen, Wein und Hibiskus.

Columbia Pissoúri Beach: Pissoúri Beach, Tel. 22 12 01, Fax 22 15 05, Luxus.
Erstklassiges Strandhotel für Ruheliebende; kostenlose Hotelbusverbindung nach Limassol.

Palió Limanáki: Am Pissoúri Beach. Alteingesessene Taverne am Strand mit guter Auswahl: leckere Suppen, saftige Steaks. Hier werden auch Weine aus ökologischem Anbau serviert.

Pissoúri Square Tavern Aristos: An der Platía des Bergdorfes. Ru-

Nur wenige Kilometer von den Hotelsiedlungen entfernt findet man das ursprüngliche Zypern wieder

stikal eingerichtete Taverne mit gutem Mesé.

Platanistása

Lage: E 7

Das abseits aller Hauptrouten gelegene Dorf besitzt keinerlei Sehenswürdigkeiten; man steuert es nur an, um den Schlüsselverwahrer einer einsam außerhalb des Ortes gelegenen Kirche abzuholen.

Kirche Stavrós tou Agiasmatí: 5 km außerhalb des Dorfs abseits der Straße nach Nicosia. Nach dem Schlüsselverwahrer, den man im Auto mit zur Kirche nehmen und auch wieder zurückfahren muß, frage man in einem der Kaffeehäuser im Dorf.

Die Scheunendachkirche aus dem 15. Jh., die einst zu einem spurlos verschwundenen Kloster gehörte, ist mit Darstellungen von Heiligen und Kirchenvätern sowie 30 neutestamentarischen Szenen ausgemalt. Einzigartig sind die Bildfelder in einer Nische in der nördlichen Seitenwand. Sie stellen die Legende von der Auffindung des Kreuzes Christi durch Helena, die Mutter Kaiser Konstantins, dar.

Plátres

Lage: D 7
Vorwahl: 05
Extra-Tour 4: s. S. 90

Das aus den Ortsteilen Páno und Káto Plátres bestehende Doppeldorf, auf 1200 m Höhe unterhalb des Olymp gelegen, ist eine der beliebtesten Sommerfrischen der Insel und ihr bedeutendster Wintersportort. Viele wohlhabende Araber verbringen hier mit ihren Großfamilien die Sommermonate.

Tróodítissa-Kloster: 8 km außerhalb an der Nebenstraße nach Pródromos. Mittagsruhe von 12-14 Uhr.
Das Mönchskloster, in 1200 m Höhe an den Hängen des Olymp gelegen, ist insbesondere ein Pilgerziel für kinderlose Ehepaare. Sie erwarten von der Marienikone des Klosters Hilfe bei der Erfüllung ihres Kinderwunsches.
Wanderungen: Von Páno Plátres aus kann man zu den **Caledonian-Wasserfällen** und auf den **Olymp** wandern; viele weitere Wanderwege sind rasch per Taxi zu erreichen. Info und Kartenskizzen beim C.T.O.-Büro.

C.T.O.: Am Dorfplatz,
Tel. 421316

Lanterns: An der Hauptstraße von Páno Plátres,
Tel.42 14 34, günstig.
Einfache Pension mit 15 Zimmern.
Pentéli: Im Zentrum von Páno Plátres, Tel. 42 17 36,
Fax 42 18 08, teuer.
81 Zimmer und Suiten in einem Neubau, mit Pool und Sauna.
Forest Park: In Páno Plátres ausgeschildert, Tel. 42 17 51,
Fax 42 18 75, Luxus.
Traditionsreiches Hotel im Wald, in dem noch die Atmosphäre der Kolonialzeit lebendig ist. 80 Zimmer, mit Pool.

Psílo Déndro: An der oberen Umgehungsstraße von Páno Plátres, im Winterhalbjahr nur bis ca.17 Uhr geöffnet.
Waldlokal mit angeschlossener Forellenzuchtstation. Mittags kehren hier viele Reisegruppen ein.

Busse: Nach Limassol Mo–Sa tgl. gegen 7 Uhr. Nach Kalopanagiótis, Pedoulás und Tróodos Mo–Sa 15 Uhr.

Pólis

Lage: B 6
Vorwahl: 06
Einwohner: 1300
Extra-Tour 3: s. S. 88

Die Stadt an der Ostküste hat ihren ländlichen Charakter trotz ständig steigender Urlauberzahlen bewahrt. ›Entdeckt‹ wurde sie von deutschen Rucksacktouristen, die, in die Jahre gekommen, noch immer das Stammpublikum bilden. Mittelpunkt ist die kurze Fußgängergasse zwischen der Hauptkirche und der Platía mit der kleinen Markthalle; zum Baden geht man entweder westwärts an den langen, sich bis über Lakkí hinaus erstreckenden Kiesstrand oder zum Kieselsteinstrand am Rande eines Eukalyptus-Waldes.

Archäologisches Museum: War 1997 noch im Bau. Es wird vor allem Funde aus dem antiken Stadtkönigreich Márion zeigen, dessen Zentrum das heutige Pólis war. Info im C.T.O.-Büro.

Jalos Sports: Odós Agíou Nikólaou (20 m von der Platía), Mobiltel. 09/65 51 47, Fax 32 22 31.
Deutschsprachiges Spezialbüro für Wassersport, Mountain-Bikes und Land-Rover-Touren.

Káto und Páno Pýrgos: 45 km östlich. Das langgestreckte Dorf Káto Pýrgos an der Nordküste liegt in unmittelbarer Nähe zur Demarkationslinie, die Zypern teilt. Fremde kommen kaum hierher, obwohl es zwei schöne kleine Strände und auch einfache Unterkünfte gibt. Eine schmale Straße führt von der Küste hinauf nach Páno Pýrgos, in dessen Umgebung Dutzende von Köhlern ihrer althergebrachten Arbeit nachgehen (bei der sie sich nur ungern fotografieren lassen).
Lakkí (Latchí): s. S. 46.
Pachýammos: 24 km östlich am Weg nach Káto Pýrgos. Am Rande dieses noch völlig untouristischen Ortes steht auf einer Terrasse über dem Meer die erst um 1990 erbaute Ágios-Raffaíl-Kirche. Sie ist innen vollständig mit großen Wandmalereien ausgeschmückt, die vom Leben und Martyrium des hl. Raffaíl, des jüngsten Heiligen der orthodoxen Kirche, erzählen.

C.T.O.: Odós Agíou Nikólaou 2 (nahe der Platía), Tel. und Fax 32 24 68.

Akamas: Odós Digénis 14, Tel. 32 25 07, Fax 32 21 25, günstig.
Sehr preiswertes, aber auch sehr einfaches älteres Hotel im Ortszentrum mit 18 Zimmern.
Bougainvilléa: Odós Vérginas 13 (Straße zum Campingplatz), Tel. 32 16 84, Fax 32 22 03, moderat.
Kleine, sehr gepflegte und freundliche Apartmentanlage mit Pool. 28 Wohneinheiten, 5 Min. vom Zentrum, 10 Min. vom Strand.

Pólis Camping: Am Strand, gut ausgeschildert, Tel. 32 15 26, nur März–Okt.
200 Stellplätze in einem alten Eukalyptuswald, etwa 1 km vom Ortszentrum entfernt.

The Symposium: Odós P. Geórgiou 3 (nahe der Platía). Gepflegtes Restaurant, gutes Mesé, viele flambierte Gerichte.

Politikó

Lage: G 6
Vorwahl: 02

An der Stelle des winzigen Dorfes am Rand der Mesaória-Ebene lag in der Antike das Zentrum des wegen seines Kupferreichtums gerühmten Stadtkönigreiches Tamassós.

Kloster Ágios Iraklídios: Am oberen Ortsrand, gut ausgeschildert, tagsüber geöffnet, Sa keine Gruppen, Eintritt frei.
Der Innenhof des Nonnenklosters ist ein Paradiesgarten für Blumenfreunde. Ältester Teil der Klosterkirche ist die Kreuzkuppelkirche in der Südostecke (14. Jh.), die über den Fundamenten einer frühchristlichen Basilika entstand, von der neben der Kirche noch Mosaikreste erhalten sind. In ihr führt eine Treppe in eine Höhle

Weit geht der Blick von Pólis über die Chrysóchou Bay

hinab, in der der hl. Iraklídios, erster Bischof von Tamassós, begraben worden sein soll. Im nördlichen Schiff der Klosterkirche wird seine Schädelreliquie verehrt. Im Klosterladen kann man Marzipan kaufen, das die Nonnen selbst herstellen.
Königsgräber von Tamassós: Kurz vor dem Ortsanfang gut ausgeschildert, Di–Fr 10–15, Sa/So 10–15 Uhr, Eintritt 75 c.
Die zwei recht bescheidenen Königsgräber aus der Zeit um 630 v. Chr. ahmen in Stein die traditionelle Holzarchitektur jener Zeit nach. Deutlich zu erkennen sind Scheinfenster und -türen; die Decke wirkt, als würde sie von Balken getragen.

Protarás

Lage: M 6
Vorwahl: 03

Noch immer liegen rote Äcker, auf denen Windräder Grundwasser pumpen, zwischen den vielen Hotels und Neubauten der Gemarkung Protarás, in der noch vor 15 Jahren nur einige Bauernhäuser standen. Heute reiht sich eine ganze Hotelstadt entlang den vielen Sandstrandbuchten.

Kirche Profítis Ilías: Von der weithin sichtbar auf einem niedrigen Fels westlich der Hauptstraße gelegenen Kapelle hat man einen schönen Blick auf diese Küstenregion. Neben der Kapelle steht einer der auf Zypern mehrfach zu findenden Wunschbäume: Zahllose Stoffstreifen sind an seine Äste geknotet. Was man sich beim Festbinden wünscht, soll in Erfüllung gehen, wenn der Streifen zerfallen ist.

Verschieden große, sandige Strandbuchten reichen von der Kónnos Bay im Süden bis nach Paralímni hinauf.

Wassersport ist an vielen Stränden möglich. **Reiten** kann man auf der Moonshine Ranch im Hinterland der Kónnos Bay, Mobiltelefon 093/54 56 27.

Glasbodenboote ab Flamingo Beach unterhalb des Hotels Odessa. Weitere Ausflugsziele unter **Agía Nápa,** s. S. 28, und **Paralímni,** s. S. 71.

Ayios Elías Holiday Village: 500 m über der Hauptstraße, 139 Apartments, Tel. 83 13 00, Fax 83 13 98, Luxus.
Im Dorfstil erbaute Anlage in schönem Garten, großem Pool und Kindergarten; zum 1,5 km entfernten Strand fährt man mit dem Hotelbus.

Ózalos-Mikrolímano: Nahe dem Fischereihafen an der Zufahrt zum Hotel Golden Beach. Restaurant mit Windrad auf der Terrasse. Gutes Mesé, frischer Fisch, viele Suppen.

Pýla

Lage: K 6
Vorwahl: 04

Pýla liegt in der von den Vereinten Nationen verwalteten Pufferzone zwischen den beiden Inselteilen. Deswegen wohnen hier noch griechische und türkische Zyprioten gemeinsam im gleichen Dorf. Kirche und Moschee wetteifern um die größere Pracht, während auf dem Dach der Taverne am Dorf-

Beim Tavla-Spiel im Kafeníon der türkischen Zyprioten von Pýla

platz österreichische UN-Soldaten Wache halten. Im türkischen Kaffeehaus gegenüber wird Efes-Bier aus der Türkei getrunken, in den Läden Waren aus dem Norden Zyperns verkauft. Die türkischen Zyprioten arbeiten zumeist in Famagusta, die griechischen in Lárnaka.

Pétros: Am Dorfplatz. Seinen frischen Fisch bezieht Pétros, der Wirt der ältesten Dorftaverne, meist preiswert aus Famagusta. Wilden grünen Spargel serviert er mit Rührei; oft offeriert er auch gekochte Schnecken.

Stavrós tis Psókas

Lage: C 6
Vorwahl: 06

Im Zentrum der ausgedehnten Wälder im westlichen Tróodos-Gebirge liegt diese kleine Forststation mit einem großen Grillplatz, einem einfachen Kafeníon und einem Gehege, in dem man die ansonsten sehr scheuen Mufflons zu Gesicht bekommt, Zyperns Wildschafe.

Forest Station Rest House: Tel. 72 23 38 und 33 21 44, Reservierung empfehlenswert, moderat.
Staatliches Rasthaus und Jugendherberge.

Stavrovoúni

Lage: H 7

Weithin sichtbar ragt aus der Küstenebene von Lárnaka ein kegelförmiger Berg fast 700 m hoch auf, auf dessen Gipfel man ein Kloster erkennt. Eine Asphaltstraße führt serpentinenreich hinauf.

Kloster Agía Várvara: Tagsüber frei zugänglich.
Das Kloster am Fuß des Berges Stavrovoúni ist ein Landgut des Gipfelklosters. Im Klostergarten

Ikonen malt man seit über tausend Jahren nach unveränderlichen Regeln – daran hält sich auch der Mönch im Kloster Agía Várvara

wird Lotus gezüchtet, die Mönche verkaufen Honig und Oliven. Gegenüber dem Kloster malt ein Mönch in seinem Atelier Ikonen.
Kloster Stavrovoúni: April–Aug. tgl. 8–12, 15–18, sonst 8–12 und 14–17 Uhr, Eintritt frei.
Für Frauen kein Zutritt!
Die Gebäude des schon 327 gegründeten Kloster stammen aus der Zeit um 1890. Größter Schatz der Mönche ist ein Splitter vom Kreuz Christi, den die Kaisermutter Helena der Legende nach für die Klostergründung stiftete, als sie auf ihrer Rückfahrt vom Heiligen Land nach Konstantinopel auf Zypern Station machte.

Tróodos

Lage: D 7
Vorwahl: 05
Extra-Tour 4: s. S. 91

In 1700 m Höhe ist es auch auf Zypern im Sommer angenehm kühl, bis zum April kann hier sogar noch Schnee liegen. Deswegen ist diese Sommerfrische ohne richtigen Ortscharakter bei zypriotischen Urlaubern beliebt. Im Winter ist man hier den Skipisten des Olymp am nächsten.

In Tróodos beginnen mehrere **Naturlehrpfade**. Es gibt **Tennisplätze** und im Hochsommer auch die Möglichkeit, **Reitpferde** zu mieten.

Jubilee: An der Straße von Tróodos zum Olymp,
Tel. 42 16 47, Fax 42 16 28, moderat.
Ganz ruhig am Waldrand gelegenes, älteres Hotel mit 37 Zimmern.
Tróodos Sunotel: An der Platía,
Tel. 42 16 35, Fax 42 25 00, teuer.
Modernes Hotel, 48 Zimmer mit teils phantastischem Fernblick.
Youth Hostel: An der Platía,
Tel. 42 24 00, nur April–Okt. geöffnet.

Tsáda

Lage: B 8
Vorwahl: 06

Zyperns erster Golfplatz nimmt ein ganzes Hochtal ein. Es ist vielleicht der einzige Golfplatz der Welt, auf dem ein Kloster steht. Ihm gehörte das Tal früher; der alte Mönch darin freut sich über Besucher.

Golf: Der Golfclub, 1995 eröffnet, steht allen Golfspielern offen. Im Clubhaus gibt es ein Restaurant, eine Driving Range steht zur Verfügung. Der Platz hat 18 Löcher, Par 72, Länge 6050 m. Auskunft:
Tsáda Golf Club, Tel. 64 27 74, Fax 64 27 76.

Zedern-Tal

Lage: C 7

Im Cedar Valley im Westen des Tróodos-Gebirges gedeiht dank der Voraussicht der britischen Kolonialverwaltung Zyperns letzter großer Zedernwald. Etwa 40 000 Bäume der endemischen Unterart *Cedrus brevifolia*, einer engen Verwandten der Libanon-Zeder, wachsen hier. Den schönsten Eindruck davon erhält man, wenn man von der Forststraße zwischen dem Kýkko-Kloster und Stavrós tis Psókas auf einem ausgeschilderten Weg in etwa einer Stunde auf den Gipfel des 1362 m hohen Berges Trípylos hinaufwandert.

Nach einer Woche kann er auf den Tisch – der selbstgemachte Ziegenkäse aus dem Tróodos, der da von der Decke baumelt, ist eine besondere Delikatesse

EXTRA-

Fünfmal Zypern abseits der Trampelpfade

1. Zypern in der Karwoche: Die schönsten Prozessionen und Feiern der orthodoxen Kirche Zyperns
2. Byzantinisches Zypern: Tagestour mit dem Mietwagen zu den schönsten Inselkirchen

Touren

3. Einsame Dörfer: Mit dem Jeep unterwegs zu den verlassenen Weilern zwischen Páfos und Pólis
4. Wandern am Olymp: Zwei leichte Touren auf Naturlehrpfaden
5. Zyperns Norden: Eine Tagesfahrt zu den schönsten Orten im türkischen Teil der Insel

Extra-Tour 1

Zypern in der Karwoche: Prozessionen und Feiern

Ostern ist für die Zyprioten kein Fest wie jedes andere. Es ist der Höhepunkt des Jahres – und bedeutet für alle Gläubigen die Wiederholung einer göttlichen Versprechung: ihrer Wiederauferstehung von den Toten. Die Ereignisse der Passionszeit (s. auch S. 14) sind für sie nicht nur einmalige historische Geschehnisse, sondern zugleich jährlich wiederkehrende, immaterielle Manifestationen eines Mysteriums. Jeder weiß natürlich, daß der Priester in der Osternacht wie alle Jahre wieder Christi Auferstehung verkünden wird. Dennoch fühlt jeder eine fast kindliche Spannung: Klappt es auch heuer wieder? Wie in einem guten Roman wird deswegen in der Karwoche Spannung erzeugt. Man leidet mit Jesus und freut sich nicht nur mit ihm, sondern auch für sich selbst.

Diese Route ist so angelegt, daß man während einer zehntägigen Zypernrundreise in der Osterzeit die wichtigsten Ereignisse an den Orten mit den eindrucksvollsten Feiern miterlebt. An den Tagen dazwischen kann man Nicosia und die Bergdörfer im Tróodos kennenlernen.

Einen ersten Höhepunkt der vorösterlichen Zeit bildet der vorletzte Sonnabend vor Ostern. An diesem Tag erweckt Jesus den Lazarus von den Toten. Die Zyprioten verehren ihn noch heute als ersten Bischof von Lárnaka. Nach der örtlichen Legende floh er vor den Verleumdungen seiner Mitbürger aus seiner Heimat Bethanien auf die Insel. Am Abend des Lazarus-Samstags trägt man ihn in Gestalt seiner Ikone in **Lárnaka** durch die Gassen der Altstadt.

Am nächsten Tag, dem Palmsonntag, hält Jesus Einzug in Jerusalem. Wie auf den Ikonen dieses Tages dargestellt, bereiten ihm die Kinder der Stadt einen freudigen Empfang: Sie werfen Palmzweige wie einen roten Teppich vor die Füße des weißen Esels des Herrn. Da es auf Zypern nur wenige Palmen gibt, bringen die Gläubigen an diesem Tag meist Olivenzweige mit in die Kirche, um damit ihre Bereitschaft zum standesgemäßen Empfang Jesu zu bezeugen. In Säcken, die auf einem Pappschild den Namen der spendenden Fami-

Aura des Heiligen: die Auferstehung bringt Licht in die Welt

lie tragen, bleiben die Zweige 40 Tage lang in der Kirche, bevor sie von den Gläubigen als segensspendendes Gut mit nach Hause genommen werden. Diese Säcke kann man in der entsprechenden Zeit in allen Inselkirchen sehen, besonders schön und zahlreich z. B. in **Peristeróna.**

Am späten Vormittag des Karfreitags sollte man in **Ómodos** sein. Wie in allen Kirchen Zyperns schmücken dann Mädchen und Frauen den *Epitáphios*, das symbolische Grab Christi. Das Erlebnis ist hier nicht nur der Atmosphäre der Klosterkirche wegen besonders eindrucksvoll, sondern auch, weil auf dem Dorfplatz unmittelbar vor dem Kloster schon festliche Vorfreude spürbar wird.

Am Abend des Karfreitags sollte man zunächst gegen 21 Uhr zur Kirche Agía Paraskeví auf den Dorfplatz von **Geroskípou** fahren. Vor dem Epitaph bilden sich lange Menschenschlangen, um ihn zu küssen. Anschließend wird er durchs Dorf getragen. Man sollte ihm jedoch nicht folgen, sondern ins nahe **Páfos** fahren. Hier treffen sich gegen 22 Uhr zwei Prozessionen aus verschiedenen Kirchen auf dem Rathaus-Platz. Orchester gehen mit, ein Chor stimmt Gesänge an, wie man sie anderswo nie zu hören bekommt.

Am Morgen des Ostersamstags werden die Kerzen gekauft, die im Ostergottesdienst benötigt werden. Besonders feierlich wird dieser in der Nacht vom Ostersamstag auf den Ostersonntag zwischen etwa 23.10 und 0.30 Uhr im **Kloster Ágios Neófytos** zelebriert. Da rücksichtsvolle Urlauber nur einen kurzen Blick in die Kirche werfen und ansonsten wie auch viele Zyprioten den Gottesdienst auf dem Klosterhof miterleben, sollte man an eine warme Jacke denken (ohnehin ist festliche Kleidung wünschenswert).

Die kindlichen Osterspiele der Zyprioten kann man dann am Ostersonntag und -montag in den Dörfern Kissónerga, Kannavioú und Panagiá gut miterleben. Nähere Angaben dazu stehen bei den entsprechenden Ortsbeschreibungen. Eins freilich sollte man bedenken: Die Zyprioten sind sehr flexibel, Terminverschiebungen zwischen Sonntag und Montag daher jederzeit möglich.

Länge: ca. 300 km

EXTRA Tour 2

Byzantinisches Zypern: Tagestour mit dem Mietwagen zu den schönsten Inselkirchen

Diese Tour unternimmt man am besten von Nicosia oder Lárnaka aus. Wenn man von Limassol aus fährt, beginnt man mit der ersten Besichtigung in Pedoulás und fährt von Kakopetriá wieder zurück. Auf jeden Fall sollte man früh aufbrechen, da manche Kirchen mittags geschlossen sind.

Auf der Fahrt von **Nicosia** durch die Mesaória-Ebene in Richtung Tróodos kann man einen ersten, kurzen Abstecher nach **Peristeróna** unternehmen. Der Kirchturm der Hilárion-Kirche und das Minarett einer Moschee stehen hier wie symbolisch in unmittelbarer Nachbarschaft zueinander, obwohl die türkischen Dorfbewohner schon 1963 ihre Heimat verließen. Das ins 10. Jh. datierte Gotteshaus mit fünf archaisch anmutenden Kuppeln ist eines der ältesten der Insel, aus der Entstehungszeit soll noch die Holztür am Westeingang stammen. Das Kaffeehaus am Kirchplatz ist eines der ursprünglichsten der Insel.

8 km hinter Peristeróna zweigt dann eine schmale Straße durch leicht gewelltes Hügelland voller Getreidefelder in Richtung Süden ab. Sie passiert das kleine Dorf **Vyzakiá** und senkt sich dabei in ein Bachtal hinab. 30 m nach der Brücke liegt rechts unterhalb der Straße in einem Olivenhain versteckt das idyllische Kirchlein der Erzengel aus dem 16. Jh., das man aus Zeitgründen aber besser nur von außen betrachtet.

In **Nikitári**, dem nächsten Dorf, sollte man im sehr dörflichen Kaffeehaus neben der modernen Ortskirche vorsichtshalber nach dem Priester fragen. Er verwahrt die Schlüssel zur Marienkirche von **Asínou**, die etwa 2 km außerhalb des Dorfes völlig einsam in der Berglandschaft liegt. Die Wandmalereien der Panagía Forviótissa aus dem 12.–15. Jh. vermitteln den allerbesten Eindruck vom Bildprogramm in byzantinischen Gotteshäusern und sind hervorragend erhalten.

Zurück zur Hauptstraße fährt man in Nikitári an der Dorfkirche weiter geradeaus und dann Richtung Tróodos. Hinter der Abzweigung nach Kalopanagiótis steigt die Straße nun im üppig grünen

Mit den Gläubigen zur Liturgie versammelt: orthodoxe Heilige

Soléa-Tal sacht bergan. Nach gut 7 km ist rechts unterhalb der Straße deutlich eine große Scheunendachkirche (s. S. 35) zu erkennen. Steht ein Touristenbus in der Nähe, ist der Schlüsselverwahrer anwesend; sonst fragt man nach ihm in einem der Kaffeehäuser in **Gálata**, dem nächsten Dorf. Die Kirche, die man bereits von der Hauptstraße aus sehen kann, ist die **Panagía tis Podýthou**; auf dem Weg dorthin passiert man auch die kleine, unscheinbare Kirche **Archángelos Michaíl.**

Durch das Dorf Gálata kann man nun zur Platía von **Kakopetriá** weiterfahren. Der historische Ortskern mit seinen Souvenirhändlern lohnt einen Bummel, die Tavernen sind fürs Mittagessen empfehlenswert.

Spätestens um 15.15 Uhr sollte man dann allerdings an der zehn Fahrminuten außerhalb des Ortes gelegenen Kirche **Ágios Nikólaos tis Stégis** angekommen sein, deren Wandmalereien im höfischen Stil der spätbyzantinischen Zeit zu den schönsten der Insel gehören.

Nach deren Besichtigung geht die Fahrt von Kakopetriá aus weiter in Richtung **Tróodos** und von dort (vielleicht nach einem kurzen Abstecher auf den 1951 m hohen Olymp) über Pródromos und Pedoulás nach **Moutoullás**, ein großes Dorf im grünen Marathása-Tal, das fast ganz Zypern mit Mineralwasser versorgt und für die traditionellen Tröge bekannt ist, in denen früher der Brotteig geknetet wurde. Auf jeden Fall sollte man beim Haus an der Durchgangsstraße im unteren Ortsteil halten, vor dem die langen *Dsoudsouko*-Würste hängen: Sie bestehen aus eingedicktem Traubensirup, der an Bindfäden getrocknet ist, auf die zuvor Mandeln oder Nüsse gezogen wurden.

Den Abschluß des Tages bildet dann ein Blick von **Kalopanagiótis** aus hinunter auf das Kloster Ágios Ioánnis Lampadistís unterhalb des Ortes, das aber meist schon um 16 Uhr schließt. Darüber jedoch kann man sich bei einem frühen Abendessen in einer der ursprünglichen Tavernen direkt an der Straße zurück in die Mesaória leicht hinwegtrösten.

Länge der Rundfahrt: ca. 185 km, Zeitbedarf ab und bis Nicosia mindestens 12 Stunden.

EXTRA Tour 3

Einsame Dörfer: Mit dem Jeep unterwegs zwischen Páfos und Pólis

In den Dörfern des Bezirks Páfos lebten vor 1974 besonders viele türkische Zyprioten. Viele der einst ausschließlich von ihnen bewohnten Orte stehen heute leer und verfallen, andere dienen überwiegend als Stallungen für Schafe und Ziegen. Diese abenteuerliche Tour, die nur mit einem geländegängigen Fahrzeug machbar ist, führt Sie in eine Reihe solcher Dörfer, die zumeist vor der schönen Gebirgskulisse des Tróodos oder der noch unverbauten Landschaft der Akamás-Halbinsel liegen.

Die Rundfahrt beginnt an der Hauptstraße zwischen Páfos und Pólis am südlichen Stadtrand von Pólis. Diese Nebenstraße steigt sanft bergan nach **Stení**, einem Dorf mit vielen neuen Häusern. Auf der Weiterfahrt liegt rechts tief unten der Stausee von Evrétou, der weite Teile der Küstenebene von Pólis bewässert. In **Peristeróna** lohnt eine kurze Pause im Kaffeehaus. Über **Meládia** mit vielen verlassenen türkischen Häusern gelangt man nach **Lysós**, das zu etwa einem Drittel in Trümmern liegt. Hier folgt man im Dorfzentrum nicht dem Wegweiser nach Stavrós tis Psókas, sondern fährt die nicht ausgeschilderte Straße am Supermarkt vorbei nach rechts hoch und hält sich dann weiter am Berghang. Die jetzt zementierte Piste geht bald in einen holprigen Feldweg über. Der Weiler **Melándra** mit seiner winzigen Moschee wird nur noch von einer Viehzüchterfamilie bewohnt. An der Gabelung 150 m hinter dem islamischen Gotteshaus hält man nach rechts abwärts, passiert das menschenleere Zachariá und dann das wiederum nur von einer Familie bewohnte **Kiós.** An dessen Ortsende folgt man der Piste nach links und 400 m weiter der nach rechts, um so ins etwas lebhaftere Dorf **Filoúsa** zu kommen, wo es endlich wieder ein Kaffeehaus gibt.

Eine Zementpiste führt von hier aus hinunter ins Tal des Stavrós tis Psókas-Baches, den man nahe der Skarfós-Brücke erreicht, über die man später weiterfährt. Zunächst aber sollte man noch dem unmittelbar am Evrétos-Stausee gelegenen Dorf **Evrétou** mit seiner deso-

Selbst die Schweine sind melancholisch: Dorf in Ruinen auf der Akámas-Halbinsel bei Pólis

laten Moschee einen Besuch abstatten, wo wieder einmal nur noch eine Viehzüchterfamilie zu Hause ist.

Hinter der Skarfós-Brücke steigt die Straße bergan und mündet hinter Símou auf eine größere Straße, die in Richtung Pólis zurückführt. Statt über die Brücke zu fahren, kann man mit dem Jeep bei Evrétou aber auch den Fluß auf einer Furt durchqueren und der Piste weiter bergan zur Straße nach Símou folgen. Von dort geht es wieder auf die Hauptstraße Páfos–Pólis. Folgt man ihr in südlicher Richtung bis kurz vor Stroumpí, kann man dort nach rechts abzweigen und über eine kleine Nebenstraße stetig bergan nach **Káthikas** gelangen, wo sich zwei gute Tavernen zum Mittagessen anbieten.

Das nächste Ziel ist dann **Páno Aródes** (Ober-Aródes) mit antiken Sarkophagen auf dem Kirchplatz. Es war schon immer von griechischen Zyprioten bevölkert, von denen die meisten inzwischen in die Städte abgewandert sind. **Káto Aródes** (Unter-Aródes) hingegen war ein rein türkisch-zypriotisches Dorf. Die meisten seiner stattlichen Häuser aus dem 19. Jh. verfielen nach 1974, anderen wurde bei Erdbeben 1995 der Todesstoß versetzt. Einige Zyprioten aus Páfos jedoch versuchen, die alten Bauten wieder instandzusetzen und als Ferienhäuser für sich selbst nutzbar zu machen.

Durch Ineía führt die Straße, die bald in eine Piste übergeht, in die fast nur aus alten Lehmziegelgemäuern bestehenden Orte Faslí und **Androlíkou** weiter. Von dort kann man in das Bachtal des Petrátis hinabfahren, dessen Durchquerung wegen der steilen Böschung die vielleicht schwierigste Aufgabe für den Fahrer auf dieser Tour darstellt. Wer sie nicht wagen will, kehrt nach Androlíkou zurück und fährt von dort direkt nach Pólis. Ist die Bachquerung gelungen, kommt man bald ins Bergdorf **Néo Chorió**, einem noch sehr ursprünglichen Ort, in dem man essen und auch übernachten kann. Nach Lakkí und Pólis führt von hier eine Asphaltstraße.

Länge der Rundfahrt: ca. 90 km. Zeitbedarf ab und bis Pólis mindestens 6 Stunden.

EXTRA Tour 4

Wandern am Olymp: Zwei leichte Touren auf Naturlehrpfaden

Die beiden Wanderungen sind unterschiedlich lang: 9 km der erste Abschnitt, der Atalante-Naturlehrpfad, 12 km der zweite, die Pfade Persephone und Caledonia/Krýo Neró. Man kann sie auch miteinander verbinden, wobei Páno Plátres das geeignete Standquartier bildet. Für den Ausflug braucht man einen Mietwagen, sonst muß man zwei Übernachtungen einrechnen. Der Bus von Limassol aus startet erst gegen Mittag, zurück fährt er nicht vor dem nächsten Tag gegen 7 Uhr morgens. Nach der Ankunft in Páno Plátres läßt man sich von einem Taxi über Tróodos zum Ausgangspunkt des 9 km langen Atalante-Naturlehrpfades bringen, der in Richtung Pródromos etwas mehr als einen Kilometer nach der Abzweigung hinauf auf den Olymp beginnt.

Der **Atalante Trail** ist ein breiter, gut markierter Weg, der den Olymp fast eben auf 1750 m Höhe zu drei Vierteln umläuft. Er führt zunächst durch Wald. Numerierte Holzpfosten machen auf Sehenswertes aufmerksam. So ist Nummer 53 eine vom Blitz getroffene Schwarzpinie, Nummer 48 ein Aussichtspunkt, von dem aus man das Kýkko-Kloster in der Ferne und in der Nähe das Dorf Pródromos erkennt. Der Wald lichtet sich, man passiert jetzt viele, bis zu 600 Jahre alte Wacholderbäume, die an ihren Beeren ja gut zu erkennen sind. Der älteste von ihnen, Nummer 40, ist über 12 m hoch und hat einen Stammdurchmesser von 120 cm.

Nach etwa 40 Minuten Gehzeit liegt links der Eingang zu einem Bergwerk, in dem von 1950–54 und dann noch einmal von 1973–1982 etwa 1500 Tonnen Chromerz abgebaut wurden. Die Stollendecke ist heute brüchig; man sollte bestenfalls einige wenige Schritte in die Mine hineingehen. Wie Chromerz aussieht, erkennt man bei Nummer 36 und 30. Hier sind schwarze, metallfarbene Chromitkörner in orangebraunem Dunit mit glatter und ebenfalls orangebraunem Harzburgit mit rauher Oberfläche eingeschlossen.

Beim Aussichtspunkt Nummer 28 kann man bei klarer Sicht bis hinunter nach Pissoúri und zur

Auch eine Möglichkeit: mit dem Esel ins Tróodos-Gebirge

Halbinsel Akrotíri schauen. Nummer 22 ist ein Erdbeerbaum, der im Herbst seine den Erdbeeren ähnlichen, aber nahezu geschmacklosen Früchte trägt. Imposant sind die glatten, rötlichen Stämme dieses Gewächses.

Vom Aussichtspunkt Nummer 20 aus sind die Weinbauerndörfer Koiláni und Ómodos am gegenüberliegenden Berghang zu sehen. Nummer 15 markiert einen 1962 angelegten Forst mit den auf Zypern beheimateten Zedern (*Cedrus brevifolia*, kurzblättrige Zeder), die denen im Libanon ähneln.

Wo der Atalante-Naturlehrpfad in Tróodos endet, kennzeichnet die Nummer 2 einen aus Nordamerika eingeführten Mammutbaum, die Nummer 1 eine 400 Jahre alte Schwarzkiefer. Nummer 3 ist eine ausgewachsene Zeder.

Nach einer ausgiebigen Mittagspause im Bergdorf Tróodos (s. S. 80) kann man nun die Wanderung fortsetzen, deren Ziel der Ort **Páno Plátres** ist. Die Strecke führt über die aneinander anschließenden Naturlehrpfade Perséphone und Caledónia/Krýo Neró, die aus etwa 1700 m Höhe auf 1200 m absteigen. Der erste Teil besteht überwiegend aus Waldwegen. Im zweiten Teil folgt man einem schönen Pfad, der mehr als zwanzigmal einen kleinen Bach auf Trittsteinen quert. Ersatzsokken mitzunehmen, ist daher vielleicht keine schlechte Idee. Das Wasser des Bachs ist glasklar, manchmal sieht man darin sogar Forellen.

Der Beginn des **Persephone Trail** ist in Tróodos ausgeschildert. Vom Aussichtspunkt Nummer 17 aus überblickt man gut eine landschaftsverschandelnde, stillgelegte Asbestmine, die wieder aufzuforsten noch Jahre in Anspruch nehmen wird.

Nach etwa 45 Minuten überquert der Pfad eine breite Forststraße, der man nun nach rechts folgt. Nach knapp zwei Stunden Gehzeit beginnt dann links der **Caledonia/Krýo Neró Trail.** Zur Rast bietet sich der Wasserfall Caledonian Falls an, der aus etwa 15 m Höhe eine Felswand hinunterstürzt. Der Naturlehrpfad endet an der Forellenzuchtstation Psiló Déndro am Ortsrand von Páno Plátres.

Wanderzeit: je ca. 3 Std.

EXTRA Tours

Tagestour in den Norden Zyperns

Wenn man einen Zyprioten fragt, ob ein Tagesausflug in den türkisch besetzten Inselteil möglich sei, wird er fast immer mit ›Nein‹ antworten. Im Süden hat man kein Verständnis dafür, daß Ausländer dort einreisen können, während die griechischen Zyprioten nicht in ihre alte Heimat fahren dürfen. Also bleibt dem Urlauber nichts anderes übrig, als morgens am einzigen Übergang beim ehemaligen ›Ledra Palace Hotel‹ am Rande der Altstadt von Nicosia zu fragen, ob ein Tagesbesuch gerade gestattet ist. Telefonisch kann man das nicht erfahren.

Wenn überhaupt, ist der Grenzübergang nur zwischen 8 und 12 Uhr und nur zu Fuß möglich. Zunächst zeigt man auf der südlichen Seite seinen Reisepaß, dann geht man durch die UN-Pufferzone zum Grenzposten der Gegenseite, wo man das Tagesvisum erhält. Der Paß darf auf keinen Fall abgestempelt werden, da die griechischen Zyprioten sonst die Wiedereinreise nicht gestatten. Sind alle Formalitäten überwunden, erwarten einen in der Regel schon Taxifahrer, die zumindest englisch sprechen und für etwa 100 DM eine Rundfahrt nach Famagusta (griechisch: Ammóchostos, türkisch: Mağosa oder Gazimağusa), Salamis und Girne (deutsch: Kyrenia, griechisch: Kerýneia) anbieten. Spätestens um 17 oder 18 Uhr muß man dann wieder am griechisch-zypriotischen Grenzposten zurück sein. Wer später als zu dem zuvor vom Grenzbeamten genannten Zeitpunkt eintrifft, verwirkt sein Recht auf eine Wiedereinreise und muß über Istanbul und Athen zu seinem Hotelzimmer zurückkehren.

Eine Kompakttour durch den Norden führt zunächst durch die flache Mesaória gen Osten in die Hafenstadt **Famagusta**. Im späten 13. Jh., unter der Herrschaft der fränkischen Lusignan-Könige, entwickelte sie sich zu einem bedeutenden Umschlagplatz im Handel zwischen Europa und der Levante und zog zahllose Kaufleute aus dem ganzen Mittelmeerraum an. Ihr Reichtum war legendär. Innerhalb ihrer vollständig erhaltenen, venezianischen Stadtmauern standen einst über 360 Kirchen vieler Konfessionen. Heute lohnt vor allem die gotische

So nah und doch so fern: der Hafen von Girne/Kerýneia

Nikolaus-Kathedrale einen Besuch, die die Türken nach ihrer Eroberung der Stadt 1571 durch Anfügung zweier Minarette in die Lala-Mustafa-Paşa-Moschee umwandelten. Danach besucht man den Othello-Turm, einen Teil der Stadtmauer, in dem der Legende nach Othello seine Desdemona ermordete.

Nach nur 15 Minuten Fahrt steht man dann in den Ruinen der Ausgrabungsstätte von **Salamis**. Gelb blühender Riesenfenchel wuchert zwischen den Überresten der Stadt, die bis zum 4. Jh. v. Chr. das Zentrum des mächtigsten Stadtkönigreichs Zyperns war. Bis zu 100 000 Menschen lebten hier. Von den Rängen des Theaters überblickt man das weitläufige Gelände am Meer am besten. Nach einem kurzen Rundgang durch das antike Gymnasium und seine Thermen geht es dann schon weiter zu den Königsgräbern aus dem 7. Jh. v. Chr. und zum Barnabas-Kloster, das heute eine kleine archäologische Ausstellung und eine Ikonensammlung birgt.

Zum späten Mittagessen trifft man dann nach Durchquerung des Kyrenia-Gebirges (griech. Pentadáktylos, türk. Beşparmak) in **Girne/Kerýneia** ein, Zyperns schönster Stadt. Von den Tavernen am mittelalterlichen, fast kreisrunden Hafenbecken aus fällt der Blick schon auf die mächtige venezianische Festung, in der im Schiffswrack-Museum ein gesunkenes Schiff aus dem 5. Jh. v. Chr. mitsamt Teilen seiner Ladung ausgestellt ist. Bleibt noch Zeit, fährt man anschließend ins nahe gelegene Dorf **Beylerbey/Bélapais** hinauf, dessen gotische Klosterruine aus dem 13. Jh. als vielleicht schönster, auf jeden Fall aber am romantischsten gelegener Bau Zyperns aus dem Mittelalter gilt. Quer über das Kyrenia-Gebirge geht es jetzt in etwa 50-minütiger Fahrt zurück zum Grenzübergang. Man wird wahrscheinlich bedauern, nicht länger Zeit für diesen so schönen Teil der Insel gehabt zu haben – und vielleicht verstehen, warum die griechischen Zyprioten auf die Möglichkeit zur Rückkehr in ihre alten Heimatorte drängen.

Länge der Rundfahrt: ca. 190 km, nur per Taxi möglich (Einreise mit Pkw in den Norden ist nicht gestattet).

Impressum/Fotonachweis

Fotonachweis

Acquadro, Aldo/Look, München S. 2, 73, 91
Greune, Jan/Look, München S. 8, 18, 26, 37, 39, 81
Puschner, Christoph/laif, Köln S. 1, 14, 17, 30, 41, 53, 61, 69, 71, 76, 79, 80, 85, 87
Thomas, Martin, Aachen S. 4, 6, 7, 10, 32, 44, 46, 47, 52, 56, 63, 64, 65, 74, 93

Kartographie: Berndtson & Berndtson Procuctions GmbH, Fürstenfeldbruck

Alle in diesem Buch enthaltenen Angaben wurden vom Autor nach bestem Wissen erstellt und von ihm und dem Verlag mit größtmöglicher Sorgfalt überprüft. Gleichwohl sind inhaltliche Fehler nicht vollständig auszuschließen. Ihre Korrekturhinweise und Anregungen greifen wir gern auf. Unsere Adresse: DuMont Buchverlag, Postfach 101045, 50450 Köln.

Die Deutsche Bibliothek – CIP-Einheitsaufnahme
Nikos Varelas:
Süd-Zypern / Nikos Varelas. - 1. Aufl.
- Köln : DuMont, 1998
(DuMont Extra)
ISBN 3-7701-4283-7

Grafisches Konzept: Groschwitz, Hamburg

1. Auflage 1998

Druck: Rasch, Bramsche
Buchbinderische Verarbeitung: Bramscher Buchbinder Betriebe
ISBN 3-7701-4283-7

Register